设计人生

设计人生企业顾问合集

Designing Your Life
Designing Your New Work Life

人生设计实验室 出品

李海峰 王成 主编

华中科技大学出版社
http://press.hust.edu.cn
中国·武汉

图书在版编目(CIP)数据

设计人生/李海峰,王成主编. —武汉:华中科技大学出版社,2023.5
ISBN 978-7-5680-9357-6

Ⅰ.①设… Ⅱ.①李… ②王… Ⅲ.①管理学-通俗读物
Ⅳ.①C93-49

中国国家版本馆 CIP 数据核字(2023)第 057211 号

设计人生
SheJi RenSheng

李海峰　王　成　主编

策划编辑：沈　柳	
责任编辑：康　艳	
封面设计：琥珀视觉	
责任校对：林宇婕	
责任监印：朱　玢	
出版发行：华中科技大学出版社(中国•武汉)	电话：(027)81321913
武汉市东湖新技术开发区华工科技园	邮编：430223
录　　排：武汉蓝色匠心图文设计有限公司	
印　　刷：湖北新华印务有限公司	
开　　本：880mm×1230mm　1/32	
印　　张：8	
字　　数：158 千字	
版　　次：2023 年 5 月第 1 版第 1 次印刷	
定　　价：48.00 元	

本书若有印装质量问题，请向出版社营销中心调换
全国免费服务热线：400-6679-118　竭诚为您服务
版权所有　侵权必究

序言
好选择来自好多选择

第一次接触到斯坦福大学的人生设计课是我在喜马拉雅的"海峰鉴课"直播里推荐最新上线的课程"全球经营的五分钟商学院",当时我在 1 小时的直播里销售了 11000 份。

学习课程的有很多企业家和各大高校的教授,我在举例时,分享的就是斯坦福大学人生设计课中的"奥德赛计划"。我觉得选中这个案例,对我们的直播成绩而言功不可没。

隐约记得当时喜马拉雅 App 的主推文,写的是"人生最坏的状态,就是 3 个字——来不及"。从某个角度来说,工作也许需要提前规划。

"职业生涯规划"这个词我不是那么喜欢，是因为它过多地从静态的、常态的角度去考虑工作，我喜欢用的词是"职业生涯探索"。

但有些探索，在没有方法的时候，只是在做无用功，瞎折腾。直到我看到"人生设计"这个词，突然豁然开朗。

"设计"它不是被动的接受，不是盲目乱动，而是"生成式"的，印证了那句名言"预测未来，最好的方式就是去实现它"。

后来，刘国俊老师到DISC＋社群来交流，我认识了中国设计人生的发起人王成老师，并且参加了设计人生教练认证。

然后，我以人生设计实验室联合创始人的身份，主持了"超级IP"原型项目。本书就是我们原型项目的产品。

本书的所有作者都是设计人生的认证教练，并且也是首批设计人生企业顾问，同时全部都是"重新设计你的工作"的授权讲师。

设计人生这门选修课在斯坦福大学的课程编号是 ME104B，多年来一直是斯坦福大学最受欢迎的选修课。

官网的课程介绍里说：本课程使用设计思维来解决设计你的生活和职业的难题；本课程提供了框架、工具，最重要的是一个由同伴和导师所组成的场域和社群。

所以，我们把所有作者的微信二维码放入了这本书里，如果这些作者的故事或者理念打动了你，建议你添加他们为好友，有针对性地寻求辅导。

我之前喜欢说"看过足够多的样本，对理想生活才有想象力"，现在我说得更多的是"掌握设计人生的方法，在教练的帮助下，你会发现人生有足够多的选择"。

好选择来自好多选择，希望设计人生能带给你这个能力。

李海峰

2023 年 3 月 6 日

前言
一个创业者的故事

2021年10月,我受邀在上海一个峰会上分享"设计人生"。大多数的与会朋友来自咨询、新能源和互联网行业,也有其他各行业的设计师们。分享之前,我心中一直有个疑问:面对这样一群非常优秀的年轻人,我的分享能提供什么样的帮助?

我的分享只有1个小时,中场休息时,一个朋友主动向我递上一杯咖啡,他说:"王老师,如果今天有可能,我希望能请您吃顿饭。"我由于经常收到这样的邀请,所以并没有直接答应他。分享结束后,这个人又找到了我,说:"王老师,如果您今天没有特别重要的安排,我非常希望您能抽出来20分钟跟我聊一聊,我特别希望您能够给我一些帮助。"

这是一个 30 多岁的小伙子，瘦瘦的，看上去有些急切，脸上带着一点点焦虑。我说："别太远，找个安静的地方，咱们可以聊一会儿。"他说："附近有个很安静的咖啡厅。不会耽误您很多时间。"

15 分钟之后，我俩坐在了咖啡厅里。我问他："你希望了解什么东西，或者我能够给你什么支持。"他说，自己这两年过得很难，非常痛苦，今天来听我的分享是出于偶然，但是感觉设计人生跟他目前遇到的很多问题非常契合，所以希望能向我寻求些支持。他是新能源行业的一个创业者，今年 38 岁，是国内一所著名 985 大学的 EMBA，从小学习非常好，高考时获得了本省的文科最高分。多年来，他的事业一直非常成功，4 年前去了一趟硅谷，回来后进入新能源车行业创业，主营是做供应链，有人投资，也有很多好朋友加入做合伙人。上海新能源车行业比较发达，一开始他的公司经营得非常顺利，2 年营收就超过了 1 亿元人民币。2020 年，新冠肺炎疫情来了，公司遇到了非常大的困难。客户开始拖欠货款，现金流断了，债权人和股东都非常没有信心，感觉行业的低迷将长期存在，公司的生存非常有压力。

遇到困难后,他主动跟很多人分享了自己的难处,包括自己的家人、合伙人,还有员工。但这些人的反应完全颠覆了他对人性的认知。比如,员工听到困难后,并不是第一时间想跟公司共渡难关,而是马上开始准备跳槽、偷公司的东西,甚至是把公司的客户介绍给别的公司。两个合伙人最近找到他,希望趁着公司还值点钱,先把公司清算了,或者卖掉。女友原本打算今年与自己结婚,却突然提出分手。他一直觉得人和人应该坦诚地、信任地、开放透明地相处,但这些人的反应开始让他怀疑这种价值观是不是只是一种美好的愿望。他为了还款,不得不把之前给父母买的房子做抵押。父母虽然表示理解,但并不支持。父亲最近专门找到他,说:"你想过没有,可能这么多年你的成功都是运气的结果,不是你自己真正地优秀。但是现在你的运气用光了,所以你的前途基本没什么希望了……"听到这儿,我突然理解了这个朋友的处境——他不光是事业和生活面临着崩塌,他的世界观、内心深处的自信心也完全处于崩溃的边缘。根据我的经验,最大的打击其实并不来自于竞争对手,而是来自于他最亲近的人。在一个人最需要帮助的时候,他的亲人离他而去。这种精神打击是最具有杀伤力的。

我并没马上回答他什么,因为事情实际上非常复杂。我说:"你能不能说说最近让你感到特别焦虑的事。"他说,目前他承受着巨大的外部压力，比如投资人希望能卖掉公司，合伙人希望清算公司资产，债权人希望他尽快还款，把一些现有资产拿走。他最近连续做了很多错误的决策，以至于现在对自己做任何事情都失去了信心。最近几天都在逃避面对这些人，但是逃避又让这些人更加愤怒。他说："我不知道怎么办，王老师能不能给我一些指导？"他不知道现在的这种状态，到底是人生观真正出了问题，还是有其他的原因可以解释这一系列的失败和错误的决策。他不知道自己的未来在哪里，非常绝望。

他说，今天是头一次听人分享设计人生，虽然只有1个小时，但隐隐觉得应该能够给他很大的帮助。我让他去找咖啡厅的服务员，要了一支笔和几张餐巾纸。我让他把最近两周内做的最重要的那些事和接下来要做的重要的事都列了出来，一共十几项。然后，我让他把这些事按照时间的顺序标在能量图上。

我问他："你现在最担心的是什么？"他说，最担心的是自己的决策能力，自己的世界观、价值观是不是真的出了巨大的问题，以及自己的过往的成功是不是真的只是靠幸运。他说，他对未来特别没有信心。我没有回应这些话，而是问他："从这个能量图上，你看到了什么？"

他没明白我在问什么，我开始解释：我们每个人的情绪都有好坏，正负能量代表了我们身体的状态、精神的状态，以及大脑思维的状态。一个人处于负能量的时候，很难直接干好另外一件负能量更大的事情。当一个人处于一种极其负面的状态的时候，很难客观、冷静地思考，经过逻辑缜密的分析并做出正确的决策。有的时候事情确实紧急又重要，以至于我们不得不必须立即做出决策，但是由于我们的情绪如此之坏，能量如此之低，以至于我们很难做出正确的决策。糟糕的决策会进一步引起糟糕的结果，从而导致能量更差，情绪更坏，由此形成恶性循环。他插口说："我明白您的意思了，王老师，您是说，我的一系列错误的决策，并不见得是因为我的世界观出了问题，我的价值观出了问题，我的能力出了问题，而是我的能量管理出了问题。"

我点点头，说："是的，很多时候，我们做不好一件事，并不是因为能力不足，或者经验不够，而是我们的能量状态特别差。值得庆幸的是，能量是可以控制的。如果你现在能量特别差，又有一件很重要的事，必须马上要做，你该怎么做？"

他说："我理解您的意思，我先暂时不做这件事，先调整好自己的能量状态再说。一直以来我以为是自己的人生观、价值观出了问题，以为那些所谓的坦诚、信任、开放透明，都是有水分的，是一种奢望。今天突然意识到可能不是这些方面出了问题。"

他非常聪明，自己找到了答案。

他又紧接着问了一句："王老师，为什么我的合伙人，甚至我的爱人，都离开了我？"我说："有可能不见得是你的价值观出了问题，而是你在选择合伙人方面出了问题；或者他们自己遇到了很难的事情，但你又不知情。你是一个公司的 CEO，如果你的员工不理想，有可能是什么地方出了问题？"他说，有可能是招聘环节出了问题。

我说："在这种情况下，你应该怎么去调整？"他说，应该调整流程，更多地关注候选人的行为和成果，而不是只相信对方口头上说自己多么优秀。我说："挑合伙人也一样。合伙人不理想，有可能是我们的流程出了问题，但并不代表我们的价值观是错的。"

这里面就有设计人生给我们的启示：很多问题，真正的原因可能并不是我们自己直观理解的那样。我们俩的对话不到 1 个小时，他从来的时候满脸乌云密布，到离开时面带笑容和自信。两周后，他给我打来电话，我能从电话中听出他的兴奋与喜悦，他说自己调整了很多，包括状态、情绪。他重新找到了跟他关系密切的每个人，包括父母、合伙人、股东，这次，他不再焦躁和回避，而是和这些人深入沟通，仔细分析每件事情的利弊，并共同做出更合理的决策。他在自己的努力下，重生了。这是我在实践设计人生的过程当中无数个案例之一。自从把设计人生带到中国以来，我见证了无数这样的案例。我深信，每个人都有足够的能力做自己的人生设计师，而设计人生正是帮助每个人发挥更大潜力、创造出更多可能性的那把钥匙。在正确方法的指导下，每个人都可以拥有更加精彩的全新人生。

设计人生到底是什么

我基本上每天都会被问道：设计人生这么虚的一个词，到底是什么意思？到底能给人们带来什么价值？这么简单的问题，我和比尔（Bill Burnett）花了将近 9 个月的时间才彻底解释清楚。设计人生的使命，就是帮助每一个人不断搞明白自己到底要什么、今天可以干什么，设计出快乐有意义的工作和人生。

这里面有几个关键点非常重要。第一个关键点是不断。不断是说，人生中，不存在什么一眼看到尽头的状态，无论你是非常卓越的企业家，或是特别优秀的高才生，还是在某个领域里面傲视群雄的顶级专家。也许在某一个时刻，你在某个方面想得非常通透，或者有了非常明确的远大目标，但是这种状态很快就会过去。也许你考上了清华北大，也许你的公司刚刚上市，虽然感到兴奋和满足，但接下来马上就会有更高的目标、更多的挑战、更新的困难在等着你。自己到底想要什么，是一个需要不断想明白、持续改变的过程，不存在一个一生唯一的目标等着我们去追求。

第二个关键点是要什么，今天能够做什么。这句话听起来也很简单，自己想要什么，今天应该做什么，岂不是再明显不过的事情。其实并非如此。人生中有很多东西，我们想要但始终得不到。我见过很多人，想要得到更多的财富，想要回到从前。这些事情可能会困扰我们很久，我们无能为力，但又始终不肯放下。这个时候你真正需要的是什么？有可能你需要的是爱，有可能需要的是被更多的人关注，也有可能需要的是更多事业上的成就感和自信。很多人说：我要什么，能做什么，难道自己不清楚吗？其实并非如此。当你迷茫困惑的时候；当你困在某种困境中出不来的时候；当你面对重大抉择的时候，不知如何去抉择的时候；当你苦苦思索想不明白，知道应该采取行动，但是又怕犯错，自己无法承担由此而带来的巨大损失的时候，你对于自己到底要什么、真正应该做什么其实是不清晰的。这是一个往复的过程，每个人都会遇到，一生中反复出现。

第三个关键点是工作和人生。很多朋友问：到底设计人生和职业规划有什么区别？我说，从某种意义上，它们是一致的，但是同时也有巨大的区别。比如它们都试图让我们的事业更加有意义。核心的区别在于：设计人生认为每一个人追求的都是一个更加完整的、幸福的人生。虽然事业会占去绝大部分成年人一生当中最宝贵的黄金时间，这些时间甚至比陪伴自己最重要的爱人、孩子、父母的时间还要长很多，但是事业仍然只是我们人生当中的一部分，是人生这个大环里面的小环。新冠肺炎疫情以来，工作和生活已经不再有清晰的时间和空间界限。我们在家的时候也要工作，我们在工作的时候也会思考生活和家人。如何让自己的工作和生活更好地融合，是每一个人都必须面对的挑战和现实。设计人生让我们从自己的人生出发，在追求幸福的同时，兼顾事业的成功。这就是设计人生与职业规划最核心的区别。

人生六问

如何开始设计人生？我提出了人生六问的概念。设计人生就是帮每一个人不断去回答那几个最本初的问题：我是谁？我在哪里？我遇到了什么问题？面对未来，我的路在哪里？如何抉择？如何迅速到达？这六问会贯穿每个人的一生。人生中遇到的很多问题，其实都能从这六问的某种变体来获得启发甚至找到答案。

我是谁？每个人在生活和事业当中都有很多身份，比如我自己是一个父亲、一个丈夫、一个儿子；同时我也是一名公司负责人，是设计人生的老师，是一个创业者，也是一个公益践行者。关于不同的身份，我自己有很多的信念，这些信念指导着我，我要做一个什么样的父亲，做一个什么样的丈夫，做一个什么样的儿子，做一个什么样的老板，做一个什么样的老师……很多时候你会发现是这些信念指导着你前进的方向；同时，也会有一些你坚信的信念，成为你前进的阻碍。我们把这些阻碍我们前进的信念称为低效信念。在《斯坦福大学人生设计课》和《设计你的工作和人生》两本书里面，斯坦福的比尔（Bill Burnett）和戴夫（Dave Evans）总结了人生中常见的几十个低效信念，我非常推荐你抽时间读一读，我保证，你肯定会有很多收获。

我在哪里？说的是我们需要判断自己处在什么样的阶段，当下的情况和心态是什么样的。每个人的状态都会存在波动和起伏，就像是前文中那个上海的朋友。很多时候，你会发现，自己做事情的结果不理想，并不是能力或者价值观出了问题，而是你的状态很糟糕。当我们被某个问题困住了，越来越焦虑甚至是愤怒的时候，停下来，清晰地审视一下我们此刻的情绪和状态，可能是对自己当下最好的、最直接的，也是最有效的帮助。

我遇到了什么问题？我们一直被很多问题困扰着，我们做了很多努力去解决它们，却始终不理想，但这些问题如此重要，我们又不甘心放弃。设计人生把这种情形称为进退两难的困境。有的时候你会发现自己目标很清晰，但尝试了所有的方法都无法实现；有的时候你发现目标明明是合理的，但是自己选择的方法始终行不通，尽管自己还在不懈地坚持。这个时候，请提醒自己，设计人生可能帮到你。

面对未来，我的路在哪里？这是个被称之为 VUCA 或者 BANI 的时代，尤其是最近三年，很多朋友跟我说，他们这么多年来最熟悉、最舒服的人生或者事业路线走不通了，但是接下来不知该朝哪个方向转型，非常迷茫和焦虑。如何在这个充满不确定性的时代，找到踏实的幸福感，是设计人生最核心的话题。设计人生的同学们用无数的案例证明，在这个快速变化的世界，一个方向已经无法让大多数人感到安全，每个人必须有能力给自己找出更多的走得通的新路。

如何抉择？我们中国人常说的一句话叫"选择大于努力"。人生是由一个又一个选择和决策组成的。每一步怎么选，接下来的结果是什么，决定了我们最终成为什么样的人。但在真正遇到了人生十字路口的时候，在真正遇到了重大的抉择的时候，我们该怎么抉择？每个人都知道抉择的重要性，但好像从来没有人认真告诉我们，该怎么抉择。正确地抉择，而且知道自己做出了正确的抉择，是个非常复杂的话题，设计人生花了大量的内容来讲做出正确的抉择。

如何迅速到达？我们从小就被教育要向那些优秀的人学习，向那些成功的人学习，向那些专家学习，向那些权威人士学习。这是因为什么？因为他们的经验、他们的知识、他们的技能，能够帮助我们少犯错误，少走弯路，直接获得最理想的结果。

但是在某一件事、某一个问题上，没有人，包括那些权威的人、专业的人都没有成功的经验，都没有成熟的方法，都没有已经证明走得通的路，这个时候你该怎么办？很多朋友倾向于自己把它想明白了再去做，但是你会发现你想不明白，因为此前没有遇到过，之前的经验完全用不上，我们应该怎么办？有的人会一直思考、等待，希望想明白再开始。结果是，他们还是没想明白，于是错失了很多机会。我们如何在没有地图、没有导航、没有信号，也没有出租车服务的时候，找到自己的人生之路，创造出真正属于自己的未来？我认为这是设计人生里面最重要的一个人生之问。

这是中国设计人生实践者们出版的第一本书，特别感谢人生设计实验室联合创始人李海峰老师，没有他的全力推动，这本书不会这么快面世。感谢作为本书作者的设计人生的同学们，正是有了你们的支持和推动，才能让设计人生走进这么多企业，帮助这么多遇到困难的人。你们是真正的人生设计团队，你们是优秀的人生设计师！

王成

2023 年 2 月 6 日

第一章
为自己赋能

顺势而为,成就丰盈人生　　/ 杜慧贞 / 3
设计人生:赋能自己,影响他人　　/ 刘国俊 / 9
从职场"傻白甜"到人生设计师　　/ 陈　婧 / 18
想清楚这三件事再辞职　　/ 刘　阳 / 28
我与设计人生的故事　　/ 郑　康 / 36

第二章
最好的生命状态

从心出发,相信相信的力量　　/ 忻肖帆 / 47
VUCA 时代如何让自己生活得更加从容　　/ 乐燕芳 / 56
简单的一生　　/ 叶薇薇 / 64
工作和人生的意义在哪里?　　/ 卢旭芬 / 70
没有比这更好的人生了?!　　/ 胡　斌 / 78
设计人生下半场　　/ 张琳洁 / 86

第三章
成长的力量

用教练激活可持续成长　　　/ 迟正仪 / 97
爱自己,是闪光的开始　　　/ 徐初晗 / 104
要成为"听话的孩子"吗?　　　/ 顾文轩 / 112
另类陪跑者——与利基行业中小企业主共舞　　　/ 吴　娴 / 119
一封给对设计人生感兴趣的你的邀请信　　　/ 金　璞 / 127
因为努力而幸运,追求专业而职业　　　/ 潘　玫 / 134

第四章
人生自我觉察

从设计思维到构筑意义的网络　　　/ 龚　婕 / 143
设计人生超级 IP　　　/ 李玉惠 / 151
人生由我,幸福由心　　　/ 孙亚楠 / 158
人生的问题在哪里?　　　/ 张　迪 / 164
让生命成为本来的样子　　　/ 刘　爽 / 171
原来"幸运"是可以设计的　　　/ 龙海燕 / 179

第五章
照亮未来

当我们谈论审美的时候,我们谈论的是什么?　　　/ 韩　梅 / 189
设计人生与正念之心　　　/ 戴宁红 / 195
活出生命精神的意义　　　/ 仝玉梅 / 204
寻找内心的光　　　/ 王凤平 / 212
站在原则之上,设计你的未来　　　/ 王文辉 / 219
人生有多种可能　　　/ 张馨云 / 228

第一章
为自己赋能

 杜慧贞

顺势而为，成就丰盈人生

"只要勇于探索和奋斗，一个普通的灵魂也能走得很远很远。"作为幸运的"70后"，我成长于改革开放年代，先是通过高考跳出"农门"，来到广州上大学，读了热门的英语专业。1993年毕业时，就业形势一片大好，面对形形色色的工作机会，我选择了留校任教，因为我热爱英语，只想从事一份能天天用上英语的工作。原以为一辈子就安心做一名高校英语老师，没想到5年后我就转型为新闻传播老师，还被推荐筹办新闻学专业、创建新闻系，负责学院教学管理的岗位。我身上的标签在不断增加——高翻专硕导师、创新创业导师、全英教学培训师、设计人生教

练。到2026年就可以退休的我，回顾自己的职业生涯，发现一直在不知不觉践行设计人生的理念：拥有好奇心，和他人交流，勇于尝试，讲述自己的故事（Get curious. Talk to people. Try stuff. Tell your story.）。接下来我将与你分享，一名大学老师如何顺势而为，不断重新设计自己的工作，在变化中成长，收获丰盈精彩的人生。

在本科毕业那年，我考上了本校的英美文学硕士研究生，同时也获得了留校任教的机会。在英语学习热而老师紧缺的形势下，领导劝我放弃读研，安心教学。我接受了，在锤炼教学技能当好英语老师之余，我修读了本校硕士研究生的课程，前后修学了20多门功课，认识了很多研究生同学和导师，深度融入了他们的圈子，这些良师益友成为我永远可以信赖的智囊团。

1996年，单位有了第一个出国进修的名额，可惜没有我的份。在失望之余，我开始自谋出国，我用电子邮件联系留学英国的学生，通过她联系上了利兹大学的老师。获得积极的反馈后，我开始主动为广外学生提供留学利兹大学的信息。经过两年的主动联络，利兹大学校方代表终于在1998年2月来访，我组织了见面会。第二天，那位代表就拿出一份备忘录，表示利兹大学愿意正式与我校开展校际合作。我后来才知道1997年亚洲金融危机爆发后，利兹大学原有的东南亚国家生源锐减，我持续不断的问询信让校方觉察到了一个新的生源地。那一年利兹大学派了3

批，共5位代表来访，其中一位是商学院院长，他在我校宣讲时，校园最大的礼堂挤满了人，这让他感受到了中国人想出国求知的强烈愿望。他问了我很多问题，我耐心一一做了解答。我的答案全部来自于两年来的留学咨询实践，我和无数的学生和家长交流过，知道大家的痛点所在。1998年9月，17名广外本科生顺利获得签证赴利兹大学留学，其中13名到利兹大学商学院攻读MBA等专业，我也获得了全额奖学金攻读硕士。这是首位来访的利兹大学代表主动帮我落实的，因为她视我为利兹大学开拓中国生源的功臣，还游说商学院院长为我提供5000英镑生活费。接下来很多年我在教学之余继续从事留学利兹大学的咨询工作，帮助广外200多名学生和10多位同事实现了出国留学梦，我自己还获得全额奖学金攻读博士学位。

我的出国留学梦，不是通过等、靠、要，而是自己主动创造机会。在这个过程中，我收获的不仅仅是出国机会，更重要的是提升了自己方方面面的能力，这些经历促成我职业生涯的一大转折。后来，我的职场晋升、所获得的很多荣誉，都和主动创建广外与利兹大学交流项目息息相关，我成了大家眼中的幸运儿。

1998年我在利兹大学攻读传播学硕士学位，上了一周的课程之后，我发现太难了。我除了英语，什么都不知道，连默多克都没听说过，我希望转到驾轻就熟的英语教育专业，打了越洋电话告诉院长，我想要转专业。院长语重心长地说："你一定要拿一个传播学硕士学位回来,我们已招了英语(国际新闻)专业的学生,等着你回来给他们开课。""那好吧。"我只好咬咬牙坚持学下去。毫无新闻传播学基础的我最终还是顺利毕业,有一门主课的成绩还是"优秀"。后来那门课的老师成了我的博士生导师。

1999年从利兹大学拿到了传播学硕士学位回国后,我就开设了两门新课——新闻解析、中西新闻比较。一年后校领导布置新任务,要我们申报新闻学(国际新闻)专业。等新专业申报下来了,学校开始进行院系调整,校长找我谈话,要我来挑重担建设新闻学专业,当时的我,既无经验,也无思想准备,却被推上了教学管理岗位。我还有点不情不愿,一位老前辈说:"有一个做事的平台很重要,你要好好珍惜。"这句话唤醒了我的使命感。

因为毫无媒体经验,任何懂媒体的人都是我的老师。一位精通本地媒体的学生会经常带着报纸到办公室为我分析。每碰到一位媒体人,我都会发出邀请,来给我们学生上课吧。这一招还真管用,我们很快就有了精干的专职和兼职教师队伍。2002年2月,一位在美联社工作了30多年,72岁的资深记者Arnold接受我的邀请来我校主讲英语新闻报道。为方便请教和照顾他,我请他和我共用一间办公室,也跟着学生一起听他的课。他见我们一穷二白,但谦卑好学,就动用了自己所有的新闻界人脉资源,源源不断地邀请媒体人到我们的课堂分享媒体实战经验。我在和他一起接待无数媒体人的过程中,拓展了眼界和圈子。有一次,香港 TVB 特意派出高规格的团队来广州，给学生们分享获得 Peabody 奖（皮博迪奖）的新闻作品。好多广东同学见到多年来常见的电视新闻主播也来了，都激动地围过去合影。香港战地女记者张翠容也带着她的新书《行过烽火大地》来了，她的故事极大地激励了女同学。原本只计划来讲学两个月的 Arnold 连续工作了 5 年，还一直感谢我帮不懂中文的他实现了在华工作的梦想，有幸见证和体验了中国的变化。这期间，他还穿针引线，帮助我校与海内外多所大学建立多个学生交换项目，由我跟进落实。

英国记者 Matt 来广外探亲时，被我邀请来做老师。他从 2003 年一直教到 2018 年才回国。我和他的合作又孵化出了广外-兰开夏大学"2＋1""2＋2"国际新闻本科项目。有这些老师的加盟和各种交流项目，我们广外新闻专业的国际化特色开始形成。

建设新专业的日子忙碌而充实，同事们齐心协力，学生们敢闯敢拼，朝气蓬勃的新闻系给教育部评估专家留下了深刻印象，他们对我校新闻专业的国际化培养特色高度认可，甚至呼吁大学领导要多投入资源支持我们。

在大学从单一外语学科向多学科转型时期，我听取老师们的意见，向校领导递交了报告，誓将新闻系升级为新闻与传播学院。我们初生牛犊不怕虎的干劲让学校领导推翻了原有方案，采纳了我们的建议：2005 年新闻与传播学院成立。我们筑巢引凤，使新闻专业走上快速发展的轨道。然后，我放心地把接力棒交给同事，自己回到利兹大学攻读博士学位。

2019年春，大学要砍掉一些本科专业，经过争取，新闻专业保住了，这倒逼我们与时俱进，改革教学计划。我报了媒体创新与创业，这是西方新闻学院近年来新增的课程。同事提醒我大学网站上有创新创业导师的培训通知，我马上报名参加了在我校举办的斯坦福创新创业导师高级研修班。培训现场的正能量，让我大为惊叹。我第一次得知了斯坦福大学创办者的故事，亲身体验了设计思维工作坊。在新冠疫情暴发后，我也坚持学完线上课程，拿到了斯坦福创新创业导师证书。

除了深入研究西方媒体创新创业教育的现状，我还通过邮件和Zoom采访了美国最早开设创业新闻学硕士课程的负责人，也请教了多位有媒体创业经验的学生。等一年后正式开课时，我已积累了较为丰富的教学资源和讲座嘉宾名单。自从有了新的身份标签后，我开始关注创新创业资讯，开始付费学习各种课程，每天的所学所得总能让我眼界大开、心生希望，甚至治愈了疫情之下的焦虑，缓解了内心的无助。

2022年我通过设计思维邂逅了设计人生，从此又多了一个身份标签。我为何如此幸运，能与一群充满好奇、热爱学习的人在设计人生的社群里相遇？也许是因为我在职业发展的关键点顺势而为，通过"成长性接受"在工作中掌握主动权，拥有了越主动越幸运的人生。

刘国俊

设计人生：赋能自己，影响他人

缘起

2021年3月底的上海暖意十足，在静安寺对面的露天茶馆里，我的同事Tony为我引荐了中国设计人生发起人王成老师，我们漫无目标地聊了一个多小时就各自散去了。

触动

回到家后的几天，我无意中翻出《斯坦福大学人生设计课》，把它再看一遍后，我有了不同的理解，尤其是对疫情后的工作与人生有了新的感悟。同时，我的脑海中闪过一个念头：设计人生对受疫情影响的社会精英肯定会有特别的意义。

投入

小女儿上幼儿园后，我一下子觉得自己有更多的时间了。重读一遍《斯坦福大学人生设计课》后，我发现这里面的工具方法非常有用，尤其对当下受疫情等综合因素影响的人们更有意义。于是我开始跟王成老师进一步交流，希望把我在培训界的资源和过去经营德博诺的品牌经验带给 DT.School，让 DT.School 更快速地发展，这样就可以影响更多的人。

传递

2021年12月8日晚，我发了中国首期"设计人生认证教练"招生推文，阅读量很快突破1000，反响超出我的预期，同时也得到各路好友的转发，涟漪效应使得第一期招生快速超过预期目标。很多好友看到我发的推文就直接付费报名了，甚至还有几位老友没有看完推文就直接付费报名了，并邀请好友一起参加。这里面有太多有趣的故事发生。

Linda 想带上女儿 Lydia，母女一起学习设计人生教练，我正好在一个培训峰会有机会见到 Lydia，就劝她等妈妈学习完和她分享，这样可以省去 29800 元的学费。Lydia 斩钉截铁地回复我："我妈妈 40 岁还没有搞清楚人生的意义，我今年 25 岁了，可不希望像她一样，我要现在开始设计自己的美好人生。"这个画面到现在还依然清晰。我认识 Lydia 是在她初一暑假时，她和我们一起去贵州和广西支教，她是个特别有爱和乐于分享的人，走到哪个学校都是孩子王。看到她现在的状态，非常欣赏并期待她运用设计人生工具更好地设计美好从容的未来。

Nicole 看了推文的开头就付费报名了，还向我抱怨推文太长了，根本来不及全部看完。她相信我推荐的肯定有价值，就先付费报名学习。

另一位我认识 10 多年的董事长，我把推文发给他，想问问是否方便发给他们公司的 HRD，结果他看完了推文就说自己要报名学习，还差一点把太太拉过来一起学习。他学习完还在企业为管理层和总经理做了相关培训。

我多年的好友 Thomas 跟太太报名参加设计人生教练认证，学完后觉得非常值得推荐更多的人来学习，于是推荐好友 Cathy 来学习；Cathy 还没有学习完，就推荐 Tina 来学习。

我在培训界的多年好友们开始像 Thomas 一样积极传递，推荐越来越多的各路精英一起学习并传播，让设计人生教练认证在过去一年快速成长。在过去的 2022 年，设计人生的工具方法，让更多的人感受到对自己和他人的价值，并积极加入推荐行列，如同 Robin 教练在线下培训结束时的感悟："这是价值 1 亿元的课程。"

传播

设计人生教练认证的招生准备工作其实非常少，主要就是推文和海报，连说明会也很少，但是其影响力却扩散得非常快。用户们的接力传播，让更多的人有机会了解和参与设计人生的学习。

2022 年初上海的疫情，让我们很多人一下子无所适从。我快速用设计人生中对问题的定义，确定疫情问题属于"重力问题"。所谓的重力问题就是我们无论如何努力都无法改变的问题。对于"重力问题"，设计人生的理念就是平静地接受，然后把重点放在可以做的事情上，比如打磨课程、做小区的志愿者为邻里提供服务等，让自己忙起来，而且这样的选择非常有意义。我和朋友、同人们分享定义问题的方式，识别工作生活中的"重力问题"，我们快速把自己的注意力和精力放在自己可以做的事情上。设计人生中的能量管理也在这段时期给了我们很大帮助。它让我们在疫情期间管理好自己的能量，并积极影响家人、同事、客户和同行。

同事和朋友们给予我非常积极的反馈，都说设计人生的工具简单有效，为他们开辟了新的思考方向。这样的反馈也激励了我，于是我开始策划怎么样去影响更多的人。我想到了刘润直播的影响力和流量。

2022年5月19日晚，我对接了王成老师在刘润直播间的"设计人生——开启未来人生的数种可能"直播，获得102507次观看的高收视率，让更多的受疫情影响的人了解并运用设计人生工具。

反馈

2022年我们收到了超过300人的设计人生教练认证申请，在几个月无法线下交付的情况下，我们在北京、上海、广州三个城市开了8次线下班，认证了200多位设计人生认证教练。我们的设计人生教练来自各大行业领军企业的高管、教练、自由讲师、高校和中学老师，他们除了设计自己的人生外，为同事和家人、客户、学生赋能，帮助他们运用设计人生工具去设计更加美好的人生。

除了个人教练认证项目外，我们在2022年也开始了设计人生企业版的培训。首批选择设计人生企业内训版的都是业内领军企业，既有外资企业，也有中国企业，其中也不乏央企的身影。

这里我举案例，让大家了解设计人生工具对企业员工和管理层的价值。

一家央企的中层管理干部培训后，客户的反馈如下：

团队对转型更有信心、更有希望、更有能力、更有行动力；

能突破惯性思维，创造性地解决问题，带领团队转型突破；

能跟上公司转型步伐、胜任转型要求，对转型有信心，觉得有希望；

能主动拥抱变化、引领变革、快速行动。

具体的数据为：

创造力提升52％；

能量提升50％；

自驱力提升35％；

行动力提升20％；

掌控力提升16％。

一家医药行业巨头的某部门员工培训后，客户的反馈如下：

唤醒了员工内在动力；

员工更有自驱力；

工作意义感和价值感更强。

具体的数据为：

对未来的希望提升21％；

能量提升44％；

自驱力提升20%；

行动力提升13%。

一家国内私营企业的高潜人员培训后，客户的反馈如下：

高潜人员突破了"竖井"思维，看到了自己发展的更多可能性和潜力，愿意更多地尝试，承担更有挑战性的工作；

遇到问题不抱怨、不推脱，积极思考，专注行动；

对工作和生活的掌控力、创造力得到提升；

解决问题、团队融合、目标清晰度等方面也明显提升。

具体的数据为：

创造力提升39%；

对未来的希望提升26%；

能量提升26%；

自驱力提升18%；

行动力提升13%；

掌控力提升15%。

大量案例显示，困扰企业多年的员工工作动机和投入度难题，可通过设计人生培训轻松解决，可以预想接下来会有更多的企业引进设计人生来提升员工的自驱力、行动力、创造力等。

意义

中国设计人生教练们除了赋能自己、影响周围的人外，还热衷于公益。他们积极运用设计人生工具助力真爱梦想基金会，为其员工、校长和老师赋能，让老师、校长们看到更多的可能性；他们积极为辅导的大学生、MBA 赋能，帮助对方设计更美好、更从容的工作人生。

2023 年 1 月 2 日下午，我在上海东方艺术中心参加 J&E 新年公益秀，见到了设计人生教练胡斌、Summer、Cynthia、Queen 等。

Queen 是我多年前的客户，经我引荐成为真爱梦想基金会的志愿者，并以女儿馨予（Elisa）命名捐建了秦岭深处的靖口小学梦想中心。馨予小朋友上幼儿园期间，我们一起去靖口小学为老师们做公益培训，来回都遇到了山体滑坡。我记得回程堵在路上的 5 个小时里，馨予小朋友坚定地说，这个梦想中心是爸妈给的零花钱和压岁钱建立的，她以后要自己赚钱为真爱梦想基金会建立梦想中心，让更多的小朋友受益。馨予小学三年级时和同班同学 Johnson 一起创立了 J&E 基金会，以帮助更多的小朋友接受高品质的教育。三年前，他们开始策划每年 1 月 2 日的新年公益秀，今年是第三届。前两届的新年公益秀筹集的公益善款已在江西高安、山西运城、海南五指山捐赠了三间梦想中心，做成了很多成人都没有做成的善举。而今年馨予又定下新的目标，要为真爱梦想基金会建立 100 间梦想中心。

我是真爱梦想基金会的志愿者和 J&E 基金会培训总教头，在台下看着馨予坚定的目光，回顾过去一年自己因设计人生而给周边亲友、客户带来的价值，畅想着如果我们能认证 10000 多名设计人生教练，培训 10000 多家企业……

陈婧

从职场"傻白甜"到人生设计师

第一部分

我叫陈婧,是一个标准的"80后",拥有一个幸福的家庭和一份热爱的工作。朋友说很羡慕我温暖而有力量的样子。其实,我想说,从最初就职于美企的职场"傻白甜",到今天的人生设计师,我也曾经历了濒临崩溃的至暗时刻。

我出生在一个普通的工薪家庭,爸爸是一位老实巴交的基层民警,正直、善良又固执;妈妈是国有企业的行政人员,为人热情又写得一手好文章。父母带给我最大的财富,不是丰厚的物质，而是引领我在万千世界中行走的价值观。

小学一年级一次期末考试，我考了语文、数学双百分，因此被老师选为首批少先队队员。可当我兴高采烈地把试卷拿回家时，爸爸却在数学试卷中检查出一个逃过老师"法眼"的小错误。他坚持第二天要带我去学校修改分数，妈妈看着我垂下的脑袋，说："要不算了，成绩排名都公布了，自己知道错哪了就行了。"结果爸爸依然坚持带我去找了数学老师，把成绩改成了99分。因为没有双百，成为首批少先队队员的机会与我擦肩而过。看着委屈的我，爸爸说："比分数更重要的，是你的诚实。对别人诚实、对自己诚实，你才会越来越好。"诚实、善良、责任感，就是父母自小灌输给我的良好品德。

上大学的那年，我第一次离开父母身边。儿行千里母担忧，父母送给我一本在他们看来能够保护并陪伴我成长的书——《品格的力量》。从此，它就伴随我从一名青涩的高中生步入青年人的大学校园，开启人生新里程。

进入大学的我看到了与以往不同的世界，有太多优秀的同学，他们要么是"学霸"，要么是"社牛"，在他们耀眼的光环下，一种我不愿承认的隐隐的自卑感始终伴随着我，唯一能让我稍稍自信的就是英语。对，从小学到大学，英语是我唯一持续了十几年的兴趣。它使得我在大学期间因获得英语演讲比赛特等奖，一跃成为寝室的中心人物；也使得我在每学期末都成为班里的香饽饽；也成为我顺利开启自己职业生涯的敲门砖。

大学毕业前的最后一个寒假，我凭着流畅、标准的英语表达和真诚、亲和、稳重的综合素养，半天之内通过从 HR 到部门经理到美国厂长的三轮面试，最终入职了当时省内最大的美国独资企业。就这样，还未完全脱离大学生身份的我，毫无准备却又欣喜万分地步入了职场生活。

作为一个人生前二十年只知道看书学习的乖乖女，初入职场的我就是现在人们口中的"傻白甜"。记得一次报销账目，我不知道该如何填写，请教带我的同事 H 未果，只能自己摸索着做完。提交给财务，却被财务数落不符合规则。财务还对 H 说："你们自己部门的新人自己教，我们财务可不负责来一个教一个。"谁知，H 当着财务的面反问我："不是都教过你了，还做错？人力资源部的人不是说你很厉害，看来也不怎么样！"

几个月后，我需要请假返校进行毕业论文答辩。当时手头上有两个外籍专家的行程由我负责，跟上级经理沟通后，就由同部门的 R 临时接手我请假期间的工作。返校之前，我与 R 做了详细的沟通并留下了文档资料，没想到还是出错了——我安排妥当的外宾住宿，酒店方因为临时有变打电话到公司进行协调，结果 R 把两位专家的级别身份搞错了，对应的房间档位也安排错了。由于整个行程都是我安排的，领导自然认为这个纰漏应该由我负责。

虽然，初入职场时的委屈吃了一筐又一筐，但不知是二十年来家庭教育的潜移默化，还是那本《品格的力量》的默默指引，在工作上，无论职责内外的任务，只要交到我的手上，我就只想一门心思做好它。比如，公司的安全管理手册，我由最初单纯翻译总部资料，最后直接研究并编写了适用于本地的新版本；无人愿意接手的公司大小庆典的策划、统筹、组织，我连续负责多年，即使我辗转多个部门；公司大裁员时，朋友劝我辞职避开出力不讨好的烫手山芋，我仍感恩公司对我的栽培一直坚守到底……

这些在他人看来"傻白甜"的经历，在我看来都是一次次学习、成长的机会，因为父母的影响，"责任"二字早已融入我的思维行为模式。而我，也凭借自己真诚、负责、好学的软实力和人才甄选、员工培训、团队管理、跨部门协作等硬实力，走上了扶摇直上的职业发展之路：

入职两年，不满于仅仅做一个会翻译的行政助理，我开始考虑在公司内部的职业发展机会，并成功转岗 HR；

入职三年，成为公司创建以来唯一独自被派往美国总部接受数月系统培训的员工，在那里我学习到了国际化的人力资源管理体系，也打开了国际化视野；

入职四年，作为公司核心员工、高潜培养对象，我获得了极其珍贵的由公司全额赞助学习 MBA 的名额；

入职五年，开始承担人力资源经理职能，参与公司各类高层会议；

入职六年，两次前往其他海外分公司帮助搭建人力资源管理体系；

入职七年，全面负责人力资源管理工作之外，我对培训师的兴趣与日俱增，在公司内训项目中，从一个站在老美身边的翻译者，逐步成长为独立开发本土化培训项目的负责人；

入职八年，我迎来了作为人力资源负责人后的第一波大裁员，朋友劝我趁有猎头持续抛来邀请，赶快撤，但我认为那时公司的战略是调整下的断臂求生，裁掉一批员工的目的，是为了让留下的团队聚集能量、轻装前行，别说岗位角色下的责任感不允许我临阵逃脱，单从公司多年来对我的信任、培养和提供的成长机会，我也不能背信弃义……也恰恰是这次选择，让我赢得了来自于美国总部HRVP更多的欣赏和重用，获得了更多的机会。

第二部分

踏入职场12年后，我已经有了第二个宝宝。看着围绕在身边的两个小宝贝，我不由自主会越来越多地考虑孩子未来的教育。

生活在全国高考第一大省的我，思来想去后决定：不能再继续过公司、家庭两点一线的生活，我要为孩子创造新的契机，走一条我没有走过的路——拿绿卡，为孩子铺设国际化教育路线。

从下定决心的那一刻起，研究各个国家的移民政策就成了我除了工作、带娃之外的大事：研究目标国家从北半球到南半球，从技术移民钻研到留学移民，甚至为了考到理想的英语分数，我从雅思考到 PTE，从在省内考到直接出国考……

作为中年大龄人员，为了能够以更低的成本走通一条保险系数更高的绿卡之路，我没日没夜地投入其中。老公的不理解、家里老人的坚决反对，让我只能一遍遍向他们解释自己的良苦用心，以获得支持……好在最终，爱，化解了一切冲突。

2020 年 1 月 15 日，在我告别同事，拉着行李，独自踏上国际航班的时候，我眼前浮现着几个月后，我熟悉了当地生活、安排好了房子和车子，在机场迎接全家老小、体验异国生活的美好画面。我以为凭着自己的英语优势和面对困难的韧劲，拿到绿卡只是时间问题，那时的我是如此胜券在握、踌躇满志。

可是万万没有想到，我踏上新西兰国土不足一周，接踵而至的疫情打乱了我的全部计划。当时，手机里满是疫情新闻，起初我以为一两个月后，一切会回归常态，却没想过它竟改变了我的人生状态。

2020 年的春节，独自在新西兰的我还和家里互传了吃年夜饭的视频，但是几天后，看到自 2 月 2 日，中国旅客被拒绝入境新西兰的新闻时，我才意识到计划赶不上变化。

疫情初始,我每天除了应对自己在国外的学习、生活和防护外,还要日日夜夜担心家里的几位老人和两个年幼的孩子,甚至一次次在梦中看到他们身处险境,我却因无能为力而哭着惊醒。我在夜深人静时一次次与自我对话,重新认识了自己的价值观:家人的平安、健康、陪伴,远比一张绿卡重要。

我开始动摇了。可是,想为孩子提供更好的教育资源和机会的初衷,以及曾经为了出国没日没夜的学习和付出,又岂能说放就放?夜不能寐的我专门预约了学校的心理咨询。

心理咨询师问我:"怎么了?"我说:"I can't stop crying."

当他问我:"为什么不回国?"我说:"It's a failure."

那时的我已经陷入了两难。最终,一个外力促使我在2020年的秋天,距离留学项目完成还有两个月的时候,放弃在国外的一切回家了。但我也跌入了谷底,连续几个月都爬不起来。我责骂自己是一个半途而废的人,同样是疫情的大环境,同样是与亲人相隔万里,为什么别人可以坚持,而我就这样放弃了?!那个曾经在职场上意气风发的我,为什么会在一件自己原本十拿九稳的事情上溃不成军?!

我一边理解自己,一边又无法原谅自己,就像是被困在了漆黑的井底,看不到任何希望,也找不到任何出路。那时,量表测评为中度焦虑和抑郁的我,甚至曾在半夜三点打开知乎搜索如何自尽。

第三部分

如果说，当初促使我裸辞出国的初心是爱与责任，那么把我从国外呼唤回家的还是爱与责任。

为了搞清楚自己的生命到底出了什么问题，使得原先看起来一帆风顺的职业发展因为增加了母亲的角色而突然迷失了方向；为了弄明白我到底在追求什么，渴望什么；为了给自己寻找生的出路，我开始疯狂学习生涯规划、盖洛普优势等，一边把理念、工具应用于自己身上，一边结合曾经在外企积累的职业经验开始公益辅导处于困境中的职场人士。

2021年，我接受了猎头的邀请加入另一家外企继续HR高管的工作，并继续把自己所有闲暇时光全部用来学习课程、做直播、做视频、接案子……终于，我在持续的高压工作和学习中逐渐治愈自己，也越发清晰我的人生下半场的使命：终身学习、终身给予，用自己的专业力和共情力帮助更多人在充满不确定的BENI时代，理性面对职业发展与人生选择。

2022年的夏天，我开启了个人IP"睿美人生设计"——从两个孩子的名字中各取了一个字，因为我希望像抚养第三个宝贝一样，从事这份成人达己的事业，我要悉心培育它，慢慢看它开花结果。

同样，在 2022 年，我遇到了源自斯坦福大学的设计人生，真是相见恨晚！我迫不及待地成为一名设计人生教练。在设计人生的方法论中，我以"他视角"重新审视了自己的人生故事：

人生罗盘，让我意识到自己的行动和人生观、工作观之间产生了非一致性，所以才会无论向左向右都纠结万分、痛苦不已。

问题重构，让我醒悟以牺牲陪伴家人为代价、绕开高考之争的解决方案可能是个锚问题，实施这个解决方案本身就会问题重重，而疫情只是让矛盾呈现得更直接、更尖锐而已。

原型设计，提示我在孤注一掷地投入之前，进行低成本、快速度实践验证的价值和意义，不仅顿悟了曾经踩过的坑，更为从今往后设计自己的人生和工作植入了新的思维方式。

在完成了设计人生教练学习之后，我先开启了 21 天转型人生设计体验营，尝试自己带 2～3 人的小团体教练，之后，又组织了多达 10 人的团体教练。虽然都是免费的，但却为我积累了宝贵的实操经验，帮助我建立了专业自信。截至 2023 年 3 月，我连续三期积极参加收费达四位数的设计人生教练陪伴营项目，并作为资深教练深度陪伴数十位学员。他们有人在短短数周内找到了职业新方向，有人在设计思维的助力下构建并践行新希望，大家组成彼此的人生设计团队，一同开启 2023 年的美好人生。

如今，我反观自己的人生故事，又回想十多年来从事的人力资源管理工作，这期间经历了大量员工的来来走走。他们的每一次选择，多数原因都是出于对个人或家庭的责任或更好的追求，就像当初主动"裸辞"、出国的我。从组织管理的视角来看，仅靠薪酬激励、职业晋升，多数团队领导者是无法挽回人才流失的，因为此时员工的期待和组织的回馈彼此已经不再匹配。

设计人生带给我新的启发——员工以为他们正在追求的理想生活未必是现实中真正适合的，若能够将设计人生的理念和方法论通过组织传导给员工，帮助他们更科学、更理性地应对个人职业发展和人生选择，组织收获的不仅仅是更低的人才流失率，还有更强大的团队凝聚力和更高的忠诚度，因为此时，组织的战略规划和员工个人的价值选择已经真正融合。

在职场十几年，我用自己的成长和蜕变之痛完成了从职场"傻白甜"到人生设计师的转变。有人说，什么拯救了你，你就用它去拯救更多的人。设计人生让我更加彻底地看清了自己所经历的人生洼地，而我未来想做的就是用这样一套理念帮助更多的职场精英少走弯路，帮助更多的企业避免无谓的人才流失和精神离职。

刘 阳

想清楚这三件事再辞职

我作为一名设计人生教练，经常有学员的教练话题与职业选择相关，听到最多的便是：我不想干了、35岁危机、要不要换行业、如何不被裁员……"辞职"是每一个职场人士躲不过去的话题。我们看过很多指导面试求职的文章，但是好像从未想过如何更好地学习辞职。有些时候，离职比求职更重要。每一个正在思考辞职或者已经提交了辞职申请的伙伴，都请先回答下面的三个问题。

你想要辞职的原因究竟是什么？

辞职的原因我们听过很多：

我真受不了我老板，每天看见他我就心烦。

每天都做重复的事情，没什么成长。

天天累成狗，工资又不高。

我觉得这里不适合我。

……

这样的回答很多，而这些回答都仿佛有一个句式：我不要或我不想要。我们太习惯于关注那些我们不想要的现状，我们总感觉工作中哪里出了问题。可我们是否认真地思考过：什么是问题？问题的本质是理想状态与现状之间的差距。因为我们内心有一个"理想状态"，而现实并未达到，这种差距便是问题。

当我们知道问题的本质之后，把上面的句式换一下：我想要。答案会是什么？辞职，要么是赚不到钱，要么是受了委屈。我们真正想要的是什么？如果是受了委屈，是否换了工作之后就不再受委屈了？无法达成合作的老板是否在下一份工作中就可以不再遇到？我们是否真的能够保证接下来的工作仍然可以持续地帮我们创造财富？我们总是把希望寄托于下一次选择，殊不知，如果我们自身不进行有效的改变，下一次很有可能重蹈覆辙。

当我们无法确保下一次工作环境当中类似的问题不会重演的时候，辞职就有可能变成一场赌注。在离开和留下这两个选项之外，我们还有第三个选项：选择我的状态。我们可以按下暂停键，给自己的工作留一点空白，思考如何为自己设计一个理想的工作状态。

我的一个客户萌萌，在国企做了三年的数据分析，最近跟直接上级相处得非常不愉快，用她的话说是八字不合。因为这个上级的存在，萌萌每天都处于焦虑和气愤的情绪当中，对上级布置的工作提不起兴趣，也不愿意主动与其交流，以至于萌生了辞职的想法，但又因为当前的工作其他方面都还不错，她也担心未来找不到更好的机会，所以无法下定决心。她的教练话题是如何能心平气和地跟上级相处。在一次对话结束后，我给她布置了一个思考题：如果每天可以在工作中做一件让自己开心的事儿，它会是什么？

很惊喜的是下一次教练对话时，萌萌带来了一张写得满满的A4纸，她一共想到了55件可以让自己开心的事儿，比如为自己的办公桌添一盆绿植、每周二都去食堂吃排骨、与上级汇报工作的时候提前喝杯喜欢的咖啡、每周五下班前清理自己的电脑桌面……原来提升自己的工作状态有很多种办法。

你想离开的究竟是什么？你在当下可以为自己创造的又是什么？重新定义你的工作状态，让你对理想的工作情境有更清晰、更全面、更完整的想象与认知，你才可以在忙碌的过程当中多一些主动选择的权利。工作当中确实有很多是我们无法掌控的部分，但恰恰在无法掌控的缝隙当中，我们可以拿回自己状态的遥控器，为自己创造小确幸，体会为自己服务的乐趣与喜悦。因此，当我们工作状态不如意的时候，辞职并不是唯一的办法，投入地创造、设计我们的工作环境，也许会带来意外的惊喜。

从这个岗位上离开，你能带走的是什么？

我见过很多在辞职前无比焦虑的客户，本来每日无比渴望逃离当下的工作状态，但是更让他们焦虑的是不知道自己究竟可以做什么，离开了这个岗位，离开了这个企业，便不知道何去何从。而在职业选择的迷茫背后，便是对自身定位的不清晰。而自身定位的不清晰，最根本的是不知道自己的优势是什么，无法建立工作自信。

真正离职前，你首先要回答的问题便是：你的优势是什么？优势并不仅仅是你在工作中的某种专业能力，更是整个职业生涯带给你的"资源总和"，这里面有专业知识的日积月累，也有工作实战过程中的经验总结，还有日复一日积攒起来的人际关系……很多时候你的在岗时间并不等于你的工作经验，你的从业年限也不代表你在行业里的专业深度。所以，当我们选择了离开某个工作岗位的时候,我们需要停下来思考,这份工作让我们对自己的优势有什么样的认知?这份工作带给我什么样的资源?而这些资源里,哪些是我们能带走的、可以变成下一份工作的敲门砖?

其实每一个人身上都有属于自己独特的主角光环,我们可以从自身优势测评开始进行探索。如盖洛普优势(也叫克利夫顿优势评估),是一个专门用来识别一个人隐形天赋、潜在优势、驱动力来源的工具,它可以帮助一个人科学地认识自己。目前全球已有超过 2500 万人用它做过测试。在这个优势模型中,优势＝才干＋投入,在你具备天赋的部分不断地投入,你独特的优势会越来越大。

除了测评,我们也可以通过我们之前的职场经验来发现自身优势。你在过去的职业生涯当中,哪些事情是让你觉得最骄傲的?做什么事情,让你自己觉得最舒适、最有成就感,且获得了他人的认可?这些才干都有可能成为你的优势。只要你能够识别出这些才干所应用的场景,能在不同的场景当中发挥你的才干,你的优势就会越来越明显,也能提升你的专业自信。

比如,我的优势之一是沟通,之前一直有人认可我的即兴表达能力,在与人交流的时候,我确实也比较轻松自如。工作中,我也越来越意识到对于沟通这件事,自己有热情、愿意投入,便越来越坚定做设计人生的教练。教练过程本身就是一个对话的过程，这个场景激发我更多地思考如何持续提升每段对话的质量。在每次对话中，我感受到客户的信任与认可，感恩被赋能。

当我们准备辞职的时候，我们要回顾自己在过往工作中经历的那些荣耀时刻，逐步提炼自己在这个领域的核心竞争力，同时在这个岗位上，我们的工作成果、行业认知、人脉资源……这些都可以变成我们的资源，为下一次职业选择提供竞争力、提供信心。

既然决定离开，如何辞得漂亮？

当我们真的下定决心离开当前的工作岗位的时候，请给自己一段时间，让自己漂亮地辞职。我们都听说过成长型思维，是不是也可以给自己来一次成长性辞职呢？成长性辞职，意味着你离开的时候，你的状态会比你加入的时候更好；意味着你没有辜负这一段时光；意味着即使离开，仍有人感恩你的存在。

我的一位客户小 C 是一个互联网大厂的运营经理，因为业务调整，短时间内很多工作他都无法开展，便萌生了辞职的念头。我俩第一次的教练话题是如何更快速地找到新的工作。当我们开展了教练对话之后，我探寻到他此刻真正想要避免的是工作节奏慢带来的成长感的缺失。

小 C 非常习惯于在变化的环境中迎接挑战，是个典型的战斗型的管理者。几轮对话之后，他终于意识到自己真正想要的是获得成长，意识到自己在专业知识和管理技能上缺少系统性的学习，即使是新工作，这一短板也需要尽快补齐。于是，他便将重点转移到如何利用当下的时间和所在岗位的资源来提升自己。

他所在的组织里有非常好的内部线上学习资源，因此他给自己制订了学习计划，打算至少在离开前认真完成内部大咖的分享学习，参与管理者必修发展项目，同时开始有意识地培养继任者，在储备干部的选拔和培养上投入更多心力。两个月后小C开心地从当前岗位离开，成长后的他也更能从容地应对下一段的挑战。

如果你打算辞职，请以成长型方式辞职。在人生的某个时刻，我们都会成为辞职者，那就让我们学会辞得漂亮。既然你已经有了辞职计划，是时候提醒自己了，把离开前的时光也规划起来，让"离开"体现你的个人品牌，比如你是否为组织培养了新的后备人选，你是否感谢了这一段旅程中那些帮助过你的同人与师长，你的交接文档是否详尽而专业……辞得漂亮，你的下一段旅程将更从容坦荡。

辞职并不可怕，无效辞职才可怕。如果你不带着思考和沉淀离开，不带走可以带走的资源，你的辞职不过是情绪在作祟，难免在下一份工作中重蹈覆辙。辞职给了你一个窗口，一个重新选择出发的窗口，修正自我、调适自己的窗口，成长型辞职让你将人生的主动权重新掌握在手中，不论是主动离职或是被动离开，这扇窗始终为你打开。

不要被纷繁复杂的外部环境迷惑，迷失了你真正想要去的方向，每一次职业转换调整，都代表着我们自己的工作观更加清晰，想要创造什么样的生活，就从当下的每一个选择开始。

这一次，你想要从哪里开始？想要从做些什么开始？我们的状态与每一次主动"设计"有关。

辞职前请不要忽略这重要的"灵魂三问"，让我们像一个设计师一样对待自己的职业，重新定义自己的工作，重新设计自己的状态。

郑 康

我与设计人生的故事

直播结缘

在一场午间的直播中，我与设计人生结缘。2022 年 5 月 11 日中午，我收到了"孤独大脑"主理人老喻的直播间的直播提醒，于是我点开了视频，看到他和王成老师正在连麦分享《斯坦福大学人生设计课》，心想斯坦福大学不是为苹果等高科技企业的科技产品做创新设计的科研型大学吗？怎么会有人生设计课这种看起来像鸡汤成功学的课程？我的好奇心一下子就被激发起来，边吃午餐边看，王成老师以一种平稳的语速，深入浅出地讲述了设计人生的来龙去脉。他没有讲太多的道理,而是用了很多比喻来帮助我们理解。他说,设计人生并不会给你一张明确的导航图,而是让你找到自己的指南针,让你通过自己的行动来寻找方向。在这个充满不确定性的 VUCA 时代,每个人都可能遇到很多棘手的问题,我们首先需要接受"重力问题",然后用自己的仪表盘来测量自己的位置和状态,最后按照自己"人生罗盘"指南针的方向,不断迈小步前进。当王成老师讲述设计人生课程的思想时,我被他的话语所打动。回忆起过去的岁月,我们公司经历了各种风风雨雨和辉煌的时刻,这些记忆就像电影片段一样,在我的脑海中浮现了出来。在 2008 年,我们度过了全球金融危机,也经历过合伙人离开。后来,我们与北欧客户一起研发了创新的 LED 照明灯具,在 2011 年、2015 年、2016 年分别赢得了在瑞典哥德堡和斯德哥尔摩举办的国际电工照明展的产品设计大奖。但是,在 2020 年之后的两年里,我们公司遇到的挑战比过去任何时候的都要严峻:不确定性导致了市场需求的剧烈波动,给我们团队带来了巨大的压力。我目前最需要解决的问题是,在面对这些不确定性时,如何带领团队走出困境,寻找新的方向和可能性。

学习之旅

在看完直播后,我就主动搜索了设计人生的公众号,并通过后台加了企业微信。我了解到下一期设计人生认证教练课程将在 2022 年 6 月份开课，于是我立刻报名了。然而，当我报名之后才发现我陷入了一个自己挖的坑：6 月我们公司将参加佛山市网商协会组织的第三届狮王争霸赛，我被推选为第三军团菜刀军团的军长。这项比赛从 5 月中旬开始准备，持续到整个 6 月。50 家参赛企业分成 7 个军团进行 PK。这与其说是一项比赛，还不如说是一个实战特训营。在比赛期间，我们组织了许多企业老板和管理团队的相互走访活动，还针对营销、销售、管理等方面进行了多次专题学习与培训。每个周末，各个军团都会组织复盘活动并确定下一周的目标和行动策略。军团的军长和政委还会到参赛企业走访，以展现对大家的支持和鼓励。军团内部的老板们也会经常一起吃饭喝酒，以增进彼此的感情。尽管 6 月设计人生认证教练课程是线上课程，但每周都需要抽出较长的时间来观看录播课程并按时提交作业，周末还要参加小组的线上共学。我在白天有些忙，因此很多时候会在晚上看视频课程并完成作业，直到凌晨一两点。然而，让我感到惊讶的是，我的能量状态还是很好的。通过学习设计人生的视频课程和线上共学，我感觉我的同理心和觉察力有所提高，我的能量觉知和主动调整能量状态的能力也有所提高。在整个 6 月里，我带领着菜刀军团在争霸赛中一路领先，最终以大幅优势赢得了这届狮王争霸赛的总冠军。在 6 月的线上课程、小组共学之后，我还在 8 月 12—14 日参加了在广州举办的设计人生线下工作坊。在这三天的学习期间，我面对面地与王成老师以及来自全国各地参加学习的同学们交流学习。我亲身感受到了设计人生的理念和工具的强大力量，以及由老师、前期同学助教和新同学们共同组成的设计人生战队的强大学习力和支持力。

实践运用：同理与觉察

在学习了设计人生的课程之后，我想在我们公司内部测试一下，看看它能否对我们的团队有所帮助。我们的公司有负责研发、生产、品控和供应链管理的厂部团队，以及负责营销和销售的外贸业务团队。厂部团队的大多数人入职时间较长，许多同事已经加入公司超过10年，有些甚至超过15年，团队忠诚度较高。然而，工作动力和能量较低，部门之间也存在怕承担责任、相互推诿责任的现象。由于受外部环境的影响，公司业绩受到了影响，厂部管理团队士气也自然较低。而外贸业务团队则是在2021年春节后才从广州搬到佛山，团队成员入职时间短，整体也较年轻，团队成员之间的融合度较低，平常除了工作之外，沟通相对较少。这两年来，外贸业务部受到各种黑天鹅事件的冲击，业务受到影响，团队也感受到了较大的压力。记得在内训开始时，厂部管理团队的同事没有很高的投入度，李工是工程部的主管，他已经在公司工作17年了，开始时低头看手机，好像在回复什么信息，似乎没有很认真地听我的讲解。当我让大家同理一下自己，回想一下自己多久没有关注、觉察自己内心"小孩子"的需要，自己多久没有关注自己的健康，自己是否为家人、朋友付出爱，感受到他们的爱，自己是快乐还是不快乐的时候，我发现李工开始抬起头认真听了。我马上让他对自己的"爱乐工健"进行评分，他说他的"爱乐工健"现在是一团糟，分数都很低。在分组相互分享的环节中，李工反映自己最近脾气有点暴躁，原因是岳父母最近来到佛山，让他和妻子在生活中感到了压力和不适。他还主动分享了自己在教育孩子方面遇到的问题，以及由于疫情原因不能回老家探望父母的感受，还有自己患有高血压等健康问题。在被同伴真诚地聆听后，李工更是畅所欲言。在"爱乐工健"练习的最后一个环节，每个人都要提出下周的最小行动方案，以优化"爱乐工健"中的某一项，并在未来的一到两周内相互监督执行。李工提出的最小可行动方案是每周跑步至少5公里。后来，他每次在管理群里打卡后，大家都会给他点赞，他就会开心地不断提高自己的跑步里程。通过对比两个团队的内部工作坊，我发现厂部管理团队的同事比外贸业务部的同事更投入，并更享受这个过程。原本计划一个半小时的分享活动，却持续了超过两个小时。尽管厂部管理团队的同事彼此都很熟悉，但是这次活动让他们比以往更加深入地相互同理、觉察、倾听。通过这个小工具的练习,我感觉不论是成熟的厂部管理团队,还是新成立的外贸业务团队,成员之间的同理心有所提高,团队融合度有所增强,大家的行动力也有所提升。这让我更坚定了在企业内部推广运用设计人生的信心和决心。

实践运用:能量提升

两周后,我尝试给外贸业务团队和厂部管理团队分别进行了"能量地图"和"AEIOU"工具的练习。首先,我让大家观察一下自己在一周里不同时间做不同事情时的能量状态。有趣的是,两个团队的人都注意到在开会时,大家的能量状态通常比较低。然后,我让大家像用"AEIOU"工具,仔细观察导致自己能量低的原因是什么:是参与开会的人?还是会场的环境?还是会议的内容?让大家用这个工具将不同的因素逐个放大、观察并过滤。经过梳理后,导致自己能量高或能量低的因素就会更清晰地呈现出来,大家就可以有针对性地提出改善能量状态的措施。例如,行政部提出在周六上午的长时间会议中加入茶歇环节,以便让大家补充能量。付总提出,在开会过程中,如果有人积极提出建议,就可以给他"小红花"积分奖励,以此改善大家在会议中的能量状态。在接下来的几次周末会议中,实施了这些改善措施,大家都反馈在会议中的能量状态有所提升。经过"能量地图"工具的练习,我感觉同事们会主动观察自己的能量状态和情绪状态,并进行调整。同事之间相互赠送"小红花"、点赞和认可,也是提升团队能量水平的有效工具。近几个月来,这些小小的调整使团队的能量和士气得到了提升。

实践运用:突破锚定　重构创新

我们公司成立近20年,我发现很多同事有一些比较固执的"锚定思维",表现为对某些工作锚定于应该如何做,或者由谁去做,而没有进一步探究其他的可能性。为了解决这个问题,我们专门就"重力问题""锚定问题"和重构进行了一次内部分享。接下来,我们不断举出公司的各种锚定现象,让大家通过重构和换框思维来挑战之前觉得理所当然的解决方案。通过使用重构思维方法,我们在团队中得到了两个明显的成果:首先,团队心态方面发生了改变。通过打破团队内部某些偏见和偏好,团队之间的沟通和合作得到了促进,成员们惯有的推卸责任的心态有了觉醒,思维固化也得到了缓解。其次,在工作方面,我们尝试挑战以往的固有的思路和做法,突破自我设限,打破原有的限制与瓶颈,提出更多创新的产品和解决方案。在过去的半年中,我们在新产品、新材料和新工艺等各个方面都取得了突破性进展,为客户创造出独特的价值,也得到了客户的肯定和市场的认可。

实践运用：教练式领导

在学习设计人生之前，我在开会中更习惯于先入为主地直接给出指令和答案，并有较多的个人评判。通过参加线上线下课的教练式对话练习后，我开始尝试更多地带着同理心去倾听，并通过提出开放性问题来鼓励团队思考，而不是急于下判断并给出答案或建议。通过这种教练式提问方式，我感觉到团队管理成员更多地主动思考，并开始尝试通过提出问题来探寻什么是"真问题"，我和团队的领导力都得到了一定程度的提升。

团队合作，全方位成长

在企业内部进行设计人生实践时，如果遇到问题，我会和其他设计人生教练进行交流并寻求帮助，其他教练也会在设计人生每周组织的云茶馆中分享自己的实践经验。设计人生团队真是个宝藏，除了设计人生本身，王成老师和其他专家、同学还做了各种专题分享，例如微习惯训练、设计思维、视觉思维、故事思维、正念瑜伽、青少年设计思维发展、设计人生企业落地、设计人生公益项目、设计人生读书会和设计人生陪伴营等等，这些丰富的专题内容与实践活动，让设计人生战队的同伴们相互学习、互助共赢，实现全方位成长。

相信这个行动导向的战队，会以惊人的速度不断创造出更丰硕的成果！很期待通过这篇短文认识正在阅读的你，期待与你一起分享我的行动心得，一起践行设计人生的理念，共同创造属于我们的无限可能！

第二章
最好的生命状态

忻肖帆

从心出发,相信相信的力量

一年的时光,生命会有多少改变呢?

从深深的无力感中走出来,需要经历哪些生命的内在调整?

以下是我 2022 年走过的历程。

在疫情期间的失去和迷茫

2022 年对我来说,是一个极其特殊的年份。在这一年,我好像一个踏上奇幻之旅的牧羊少年,从痛苦中找寻方向,从直面生命的过程中找到自己的人生使命;从直面自己内在的恐惧焦虑中，找到接纳失败、接纳不确定性、从零开始的勇气；在最深的迷茫里听到天命的召唤，在巨大的无力感中寻找到开创的力量。

在这一年里，我在疫情期间失去了最爱的奶奶，经历了巨大的工作挑战，在无法送别至亲的痛苦中，在失去安全感和控制感的痛苦中，对工作的意义和生命的意义产生了迷茫。

还记得在奶奶离世的那一天，清明节后不久，看着上海阴雨不断的灰暗天空，我站在窗口无声痛哭，感觉一切都不再有意义。努力工作的意义何在呢？做一个认真负责的人的意义何在呢？从小做一个好学生，遵守规则、力争优秀的意义何在呢？在至亲生命的最后时刻，我无法送别，无法告别，我是如此无能为力……

"这样的生命，还有什么意义呢？"我陷入了深深的自我怀疑。

对于我来说，生命最重要的意义是人和人以及生命和生命之间的连接，我希望可以为人做服务，可以创造温暖丰盛的生命体验，可以为身处痛苦的人带来疗愈，可以为深陷迷茫的人引领方向，可以帮助自我怀疑的人找到自己的潜能，可以帮助每个人活出自己生命的意义。

然而我的本职工作是服务金融机构的资产管理，我每天关注的是事情和数字，我在很多的工作要求中迷失，我很难从为金钱服务、为数字服务中找到自己的独特性和意义感，我没有办法从大型机构的组织运营中找到自己生命的意义。然而我又一直在追寻这一份意义感的安放，我从领导的期许、客户的信任中感受着深深的自我怀疑。

2022年上海疫情期间，整体金融市场环境太差了，我几乎失去了2022年上半年储备的所有工作项目，领导越是鼓励我做业务，我越是深深怀疑，我努力意义何在？我到底可以控制什么？我的工作成果到底应该如何衡量？但是我很需要稳定的收入，我需要为我的家庭承担责任，我需要每天为自己创造意义，我需要工作带来的成就感和安全感，我不能停下来，但是我深陷痛苦。我越是努力工作，感受到的痛苦越是深刻。

新生命带来的挑战和转念

在身心俱疲的痛苦中，在奶奶过世的那个月，我发现自己怀孕了。

在过去很长的一段时间里，我对生育孩子这件事情有很深的恐惧，尤其在2020年之后，在疫情肆虐的世界中，我活在对未来生命不确定的惶恐不安中。我一直在想，我自己都没有办法照顾好自己，我自己都没有办法爱护好自己，我自己的生命也面临着巨大的挑战，我不知道如何为一个新生命担负责任，我不知道怎样教会我的孩子爱这个世界，我不知道怎么给孩子解释，为什么他的愿望没有办法都实现，为什么会有战争。

但是，有一天我面对一次生命考问，你究竟想在恐惧中活多久？你一生就想一直活在恐惧感中吗？你到底想要逃避从小对成为一个美好家长的渴望多久呢？你怎么知道，你的孩子不是那个带来改变的人呢？出于对生命的爱，你是不是可以更有勇气？也许纵身一跃，生命就会有所不同，想象中的面对和真实的面对永远是不同的，想想都是问题，做做都是答案，也许你的孩子就是那个会带来改变的人呢？

在我决定备孕的第三个月，我怀孕了。怀孕这件事情本身激发了我生命状态的改变，我开始有一种力量和觉知，我想要创造一些新的改变和可能性，我想要改变一些什么，想要为了爱去做一些什么，而不是只在恐惧里活着。

有句话叫"为母则刚"，这个新生命给我带来一种生命循环的感觉，也许是奶奶用另一种形式表达她对生命的爱和珍惜，也许是生命想要用这种方式给我一份礼物，告诉我，失去和开创是一体两面的，我可以从新的视角看待这一段时光对我的意义。

就像生命可以不断创造新的可能性，我也可以为自己争取更多。也许这一年给我的意义是，让我学习到生命中的每一天都是新的，我可以像对待一个新生命一样，对待未来的每一天，去开创一些美好的体验，付出自己的时间、精力为生命创造新的意义。

于是，在我验出怀孕的那一天，我报名了设计人生教练课程，希望可以从一个设计师的角度，重新规划自己的蓝图，也为我的孩子创造更广阔的空间，创造更多的可能性。

这是我过去很多年所期待成为的样子。但是过去我一直在怀疑，我不够资格，我自己的人生都没有过好，我怎么去支持其他人？在最深的自我怀疑中，在这一段无能为力的岁月中，在怀孕带来的身心挑战中，我反而获得了一份勇气，我忽然觉得自己准备好了。

换个角度看世界，感恩生命中已然拥有的

学习设计人生的第一个工具是"爱乐工健"。要设计未来，首先要看到自己的现状在哪里，知道自己此刻的状态是什么，然后给自己设定未来的调整目标。

我一直以为我自己迷茫时候的能量是低的，然而我发现，我平均能量有 70 分；尽管我给自己的工作满意度打分只有 30 分，但是我体验到的爱有 90 分，健康有 90 分，我的娱乐有 60 分。我忽然发现，我一直盯住的角度是自己没有什么，而不是自己有什么。

我没有把注意力放在珍惜自己已经拥有的美好事物上，比如我家人对我的爱，我在疫情期间和先生一直彼此支持和陪伴，我

的父亲母亲、公公婆婆都健康地活着，我们彼此之间都有很多关爱和连接，我们彼此尊重和珍惜。这些我一直理所当然地接受着。失去奶奶，痛苦的人不止我一个，当我沉浸在自己内在的悲伤愤怒中时，我一直享受着家人对我的宽慰和关爱，我却很少主动关爱家人。

　　当我意识到这一点的时候，我忽然充满了感恩。我拥有健康的生命状态，拥有一份收入稳定的工作，我还可以在不快乐的时候选择待在家里，看书、追剧、冥想、锻炼、思考人生。我的生命其实拥有很多美好的时刻，当我看到这些美好，内心也有很多的力量正在升腾。

　　我开始思考，如果从更广阔的角度看我想要调整的工作维度，是不是也会有所不同。我开始意识到，如果是从创造有意义的生命的人类活动的角度来看待工作，我不是只有一个"职业身份"的，我为家庭承担的责任，我做的每一顿饭、每一次打扫，我为家里人承担的情绪能量都是我工作的一部分；我为了服务他人做的教练学习、心理咨询的学习和实践，包括我的公益分享，也都是我工作的一部分；我是一个孩子的妈妈，我在怀孕期间关爱自己，保持自己身心健康，也是我作为孩子母亲的工作的一部分。我的迷茫是我创造未来职业历程，找到自己内在使命的一个必然的历程，假如我抱着更多感恩的心态来体验这个探索的历程，假如我把这段时光看成生命中一次寻路的探索体验，我就可以给自己创造更大的成长空间，提升自己的生命能量。

从此，我开始每一两周给自己做一次"爱乐工健"，观察自己的生命状态在哪里，感受自己拥有的部分，保持着感恩之心看待自己已经拥有的、想要拥有的、期待创造的部分。

从心开始面对，从相信开始创造

当我的状态开始改变之后，我开始思考下一个问题——如何设计和创造我想要的生命状态？

我开始反思，为什么我过往采取的习惯性模式一直没有起作用，我如何添加新的方法和模式，帮助我获得状态和成果的改变。设计人生的"重力问题"和"锚定问题"的思考框架给了我很大的启发。

重力问题指的是客观存在的和过去已经发生的阻碍我们达成目标的状况，就像是我们活在地球重力环境中，唯一的面对方式只有接纳，不断和重力斗争注定是徒劳无功的。而锚定问题是我们自己内在给自己设定的限制，让我们觉得，达成目标只有唯一固定的解决路径，假如路径没办法走通，问题就没办法解决，目标就没办法达成。深陷重力问题和锚定问题之中，注定找不到答案。

要破局，重要的是看到自己到底想要实现的目标是什么，从自己可以改变的部分出发，从视角和态度的转换开始，把注意力放在自己身上，把关注点放在自己现在就可以开始改变的点滴行动上。

我发现我想要实现的生命意图是拥有温暖的影响力，我希望可以从内在开始影响生命，我希望可以帮助他人寻找到自己的人生意义，我希望在美好的团体中感受生命的彼此激发，我也希望可以创造自己独特的场域，作为一个引领者，帮助大家共创设计人生的成果。

在一次次"奥德赛计划"的书写中，我发现，我可以做的部分是不断学习，并且从公益教练服务、团体教练服务、不断分享自己的学习体验开始，发挥自己的影响力，积累自己的专业能力。我相信，只要我的服务有价值，向着美好、正向的愿景，发挥我自己的价值和影响力，我也能从我的伙伴、客户那里获得能量，我能创造出我自己的方式来获得美好的生命能量。

我开始为自己设定学习目标、教练目标，我决定在2022年完成100场公益教练，我还开启了我的团体教练之路，尝试开设了"设计美好人生"线上陪伴营，开始把自己在设计人生教练和其他教练体系中的学习心得应用于服务身边伙伴，组织20多个伙伴，帮助大家学习设计人生的工具，从识别当下状态、找寻人生意义，到重构当下的困境问题和创造美好的未来可能性，勾勒出自己美好人生的蓝图愿景，并生成行动计划，帮助大家从最小行动开始，设计美好人生。

我重新回归自己的内在，开始相信自己可以进行新的尝试，可以进行改变。我相信从内在真正想要的出发，从生命的意图出发，人就会被激发出更多潜能，可以为自己创造更多。

生命底层的能量终究是来自对自己的相信，唯有带着相信，才能创造、改变，而找回自己的生命能量，正是从相信自己拥有能量，以及相信只要有这份相信，生命就会有所不同开始。这实际上，还是人内在状态的改变。

状态和视角不同了，人的生命状态就会不同，一个相信相信的力量的人是坚定的，是可以带来不同的，是可以带来改变和影响力的。这一份相信的力量，我想我会一直坚持下去。

未来，我会创造更多新的生命体验，带来更大的影响力，从专业教练和培训师的角度出发，从新的生命创造出发，创造更多美好、正向的改变，为自己和相信我的伙伴带来更多的、美好的人生体验！

乐燕芳

VUCA 时代如何让自己生活得更加从容

人生真的没有白走的路吗？

2010 年，我入职昆山的一家制造企业，负责公司的人力资源管理工作。伴随着消费类电子产品市场的迅猛发展，这家公司的发展势头特别喜人，每年的增长率保持在 60% 以上。四年后，这家公司上市了，人员规模也从原来的 500 多人扩大到 10000 多人。企业的发展速度越来越快，对人才的需求也就越来越迫切。

很多同类型的企业往往是在行业内挖人或是在人才市场上招人，但往往成本很高、不稳定，而且新招入人员难以融入企业文化。为了解决企业爆发式发展与人才短缺之间的矛盾，从2013年开始，我主导了公司的校企合作项目，把企业人才池前置到学校。时至今日，我们已与全国100多所职业院校、高校建立了深度的校企合作关系，每年为公司招纳技能人才1000多名。

与学校接触得多了，我对中国的职业教育有了很深的认知。职业教育供给与企业人才需求之间的脱节、职业教育专业设置与学生个人兴趣特长之间的冲突等问题，让我对中国的职业教育产生了新的思考。

我所带领的校企开发团队的伙伴都很年轻，其中几人都是职业院校的毕业生，他们所学的专业也并不是人力资源或管理类专业，而是计算机、机电工程等专业。其中有一个四川的小伙子叫小川，在山西的一所大专职业学院毕业后，来我们公司实习，他学的是机电专业，在车间里实习一段时间后，参加公司的双选会，重新选择适合自己的岗位。我问他喜欢什么样的工作，他跟我说，自己其实不喜欢搞技术类的工作，特别喜欢与人交往，属于那种"社牛"人才。跟他谈过之后，我发现这个小伙子的情商特别高，于是我把他安排到了校企开发团队。经过两年的培养，这个小伙子表现出了惊人的校企开发与关系维护能力，不仅把分配给他的院校维护得特别好，还自己开发了几所院校，每年能够为企业招聘到300多名技术人才。后来我想想，如果当初没有发现这个小伙子的天赋，他可能一直干自己不喜欢的工作，而且也不会有什么成就。

每到一所院校,我都会在学生们中做一次调研,以了解他们是否有明确的职业目标、他们平时都是如何度过自己的课余生活、他们对自己的未来是否有信心……但每一次的答卷都让我很忧心。我与很多学生做过交流,他们中的大部分人只是想混个文凭,课余往往沉浸在游戏世界中,对未来的职业发展也非常迷茫。中国人口红利的窗口期逐步关闭,劳动力短缺问题日益显现,很多职业院校的学生被安排到一些劳动密集型企业从事低端劳动工作,这也让很多学生认为他们的未来就是到工厂"拧螺丝",学什么、学得好不好,结果都一样,这也让学生更加迷茫。

反观我们很多企业,在人才的培养方面也难以找到好的方法,天天搞培训,却发现这些培训好像并不能帮企业解决人才问题。到最后,往往是钱花了,事做了,但问题却始终得不到解决,培训只是走个过场。有一句话非常流行:"人生没有白走的路,每一步都算数。"但反观当下的职业教育与企业育人,我们真的让这些莘莘学子、这些未来的社会栋梁,没有白走一段人生路吗?

心若安好,便是晴天

2020年初,新冠肺炎疫情席卷全国,员工隔离在家,无法开工。这对我们企业的影响非常大,停一天工就少创造5000万元的工业产值。可当时很多员工无法返岗,人员招募工作更是无法开展。当时,我的第一反应就是到低风险的云南、贵州招聘,可摆在眼前的困难是安全风险非常大,再有就是当地老百姓是否愿意冒风险来昆山工作。

虽然困难重重,但不突破任务就完不成,于是我向总经理汇报我的想法,看看能否请政府出面陪同我们去外地招工。当天下午市长亲自主持会议并听取了我们的想法,立马安排了我们市人社局及高新区的一位领导陪同我们去云南和贵州招工,可派谁去呢?我记得当时,很多人都沉默了,我自己其实也很犹豫,因为家里有两个孩子和老人需要我照顾,我的外公当时也已经住院了,不断打电话催我父母回老家。但我是公司人力资源的负责人,公司能否完成客户需求就是看我们能否招到工人。

没有和家人商量,我主动请缨去外地出差。我带了我们部门一个负责招聘的同事和政府两位领导踏上了云南招工之旅。首站是云南镇雄,到了镇雄已是傍晚,我们之前在网上订的酒店已经住满了,没有地方住,最后在当地政府部门的帮助下,我们才住进一家没有营业的酒店。第二天一早,我们和当地政府的人社干部一起走村串户,发招工海报,了解当地老百姓的想法。两天后,我们商定好了与老百姓沟通的策略及新员工的福利保障内容,经过我们的努力,终于在镇雄招到了300多名工人。

但从镇雄坐大巴车到昆山至少需要 40 多个小时才能到达，风险太高，于是我联系了公司总经理，总经理又通过各种渠道最后找到云南省交通局局长，安排了一列专列帮我们运送新员工到昆山。

之后，我们又冒着感染的风险紧急从镇雄转到云南临沧。在临沧，当地人社局领导带着我们走村串户，招聘的困难比在镇雄要小些，一周我们就招募了 300 多名工人。为了把这些工人安全送抵昆山，我们又包了两架飞机，把他们送到江苏，然后用专车接到公司。

回到公司的那一刻，我满心喜悦，因为我干了一件很多人都不敢干的事，而且件事对公司的意义也非常大，我还帮助云南的老乡找到了挣钱的机会。

2022 年 9 月，在一次体检中，我被诊断出肺部有一处约 12 毫米的结节，医生建议立刻手术。但当时公司里有几个项目非常紧急，我决定先完成这几个项目，再加上中秋节也快到了，我想着在节日里好好陪陪家人，等节日过后再动手术。中秋节后，我到医院做了手术，在手术过程中，医生发现这个结节有病变的迹象，于是为我摘除了肺部的一部分。回到家静养的一个月，我内心很不平静，即使躺着休息，心里也特别不平静。我不是担忧病，主要还是因为心里空落落的。

于是我就用设计人生的"爱乐工健"工具进行自我觉察，我发现自己之前在爱、乐、工、健的四个部分，爱是最高分，但那个爱没有包含爱自己。另外因为乐的分数很低，我于是有针对地调整了，我以为调整了，我的健康满意度或整个状态就会变好，却并不是那样。我进一步审视自己的健康满意度，过去我对健康满意度的理解比较狭隘，原来健康不仅仅是躯体的健康，还包含心理健康、精神健康及社会交往的健康。我发现我在精神健康及社会交往的健康方面满意度不够，因为在家的这一个月里我没有工作产出，感觉没有价值。精神健康了，心情才会更愉悦，躯体也会更加健康。

我分享了三个小故事，其实是为了证明设计人生能帮助我们找到工作和生活中遇到的重大问题的答案。小川为什么没有从事自己专业的工作依然可以做得出彩，为什么我会在疫情严峻时期选择出差，为什么我休假期间会特别不平静，有焦虑感。

设计人生的"人生罗盘"会帮我们找到自己人生的使命，"爱乐工健"会让我们更好地觉察自己当下的状态，找到真正影响我们的原因，"重构问题"也会帮助我们纠正认知偏差。

在这个 VUCA 时代，不确定与迷茫已成为大多数人的常态，如何帮助自己与他人走出迷茫成为我的人生使命。我将在工作和生活中传播爱，寻找生命的价值感与成就感，希望对社会有所贡献。

做自己想做的事，让社会更美好

关于人世间的成败，《道德经》用一句话就讲明白了——"民之从事，常于几成而败之。慎终如始，则无败事。"做一件事要成功，就要全心投入，坚持始终。岁月如梭，一个人活在人世间，折腾不了几件大事，如果能几年甚至几十年，把所有的心血倾注在一件大事上，就一定能够收获人生的成功，人生才会有意义，这件大事或许就是自己的使命。

通过学习设计人生，我明确了自己的人生观与价值观，我更是找到了人生的方向——让社会更美好。联系我所从事的工作，我问自己：为什么我不能从学生的培养这个点去切入，让他们少走"白走的路"，让他们在学校、企业中获得最好的教育，让他们学有所长，真正去实现自己的价值？围绕着这个考问，我确定了我人生中的"那件大事"。

为了实现这一人生使命，我组建了自己的团队，并专注于从源头上来帮助学生设计人生、构建端到端的人才培养体系。企业到底需要什么样的人才？什么样的人才到了企业才能够真正能被企业所培养、重用？我们需要从源头入手，帮助学生成为自己的人生设计师，帮助他们发掘自己的天赋，建立自己的职业发展路径，让他们做自己喜欢并想做的事，为他们赋能，让他们把这件事做成。

我们在学校、企业之间架起桥梁，帮助企业构建端到端的人才培养体系，在满足院校人才培养要求的前提下，构建新型课程体系、模式，推进启发式、游戏式等教学方法，以及任务式、项目式、实操式等培养模式，实现院校人才培养的体系化、可视化、信息化、游戏化，促进课程内容与业务技术发展衔接、教学过程与企业先进生产过程对接、人才培养与产业需求融合，让学生在学校所学的知识能够快速应用到企业工作场景中，缩短人才培养周期。同时，我们以企业发展需要为牵引，紧密联系全国应用型高校，实现优势互补，定向培养，为企业智能制造产业培养和输送高素质应用型、复合型、创新型人才，助推企业发展升级、实现业绩持续增长。

"择一事，干十年。"帮助学生设计美好人生，帮助院校高效育人，帮助企业育人增效，最终的目的就是让社会更美好。这就是我的使命，我愿一生为此而努力。

 叶微微

简单的一生

记得小时候跟姐姐吃吐司面包,她喜欢吃中间柔软的部分,而我总喜欢硬边,母亲见状,总说我将来一生辛苦,但我始终做自己生命的主人,简单自在。

2020年回台湾后,我开通了"天真姥姥"专栏,过着"赤子之心"的生活。

39岁前,我生活在台湾,见证了台湾的经济奇迹,由于天生好学及愿意面对各式各样的挑战,我服务了五家当时知名的大企业:飞歌电子、福特六和汽车、多乐士油漆、读者文摘及台湾葛兰素史克药厂。我是后三家企业的创业元老,我擅长解决企业各

种"疑难杂症"。我凭借"品牌思维",在每一家我服务过的企业内留下了好口碑。

在飞歌,我留下"一人做两人事"高效率工作者的印象。在多乐士油漆,我设计了一套"制造业财务制度体系",我带领部门(7个人)完成了比后续接班团队(23个人)高出3倍多的产值,留下了一套"简单易操作"的财务体系。

20世纪70年代,我将《读者文摘》的仓储作业外包,为企业创造了数倍的营业额,打破了文化事业是"艰困经营行业"的魔咒。服务于台湾葛兰素史克药厂期间,我用有限的预算及9个月时间,将企业知名度提高到台湾第三名。

1991到2020年,我陆续创立了三家管理顾问公司,专注于从事企业经营的顾问咨询及人才培育工作。1991年到1995年,我每年都要接受英国《资源管理杂志》Dr. Jones 的邀请,到北京、上海、广州或深圳进行千人规模的演讲,或开授有关"领导管理"的培训课程。

1995年后,我因为独家代理"柯维领导中心"产品在台湾推广,成为柯维旗下所有课程及产品的首席研发及教学顾问,并开始为当时的策略伙伴"双赢企管"到上海开课。从此,我与上海结下了不解之缘。

记得有一天,我乘车经过延安路高架附近,猛然发现两边的百姓都动迁了,腾出建高架的空间,我感到非常惊讶,这么大一片土地可以在这么短的时间内就清空准备大建设，实在太高效了。而台湾仅建一段从台北车站到淡水的捷运，10年还只完成了部分。那个年代，我最害怕遇见我的新加坡伙伴，他每每看到我都要高喊："Sophia，台湾那条全世界最贵的捷运什么时候完工？"让我恨不得躲进地洞里。

当年到上海开课，客户总安排我住上海世博大酒店或附近相同星级的酒店。记得有多次飞到上海已经是半夜了，每次我刚一进世博大酒店的大门，就有服务人员前来迎接，并体贴地快速为我办好入住手续。一次，我进入房间，意外地发现酒店提供了一篮新鲜水果，恰巧饿了，看见水果好不欣喜，便顺手摘了一根香蕉，谁知道里面是烂的。我随即打电话到一楼服务台，告知烂香蕉的事情，请服务人员今后务必小心，不要让客户惊喜的"人际关系存款"变成了"人际关系提款"。

没想到不到5分钟，房门铃响了，服务人员送来全新的水果篮，并特别说明她一个个检查过了，请我放心享用。我谢过服务人员，并告知她这个小小的动作将原来的"人际关系提款"又及时转成了"人际关系存款"，让客户满心欢喜。这个案例，成为我当年在"高效能人士七习惯"课程中与学员分享"人际关系存、提款"的内容之一。"人际关系存、提款"是建立人脉关系非常重要的工具，人际关系越深厚，"人和"的助力越大。

2000年，由于我婆婆年事已高，期待回到上海安享晚年，台湾的客户也催促我到上海创业，为了创立一家公司，我用了一年半的时间，每月飞到上海待1~2周，与无数顾问交流，希望能成立联合顾问事务所。可惜那个年代，合伙人思维还太前沿，时机尚未成熟，大部分的自由顾问都是从某个专精领域退下来做顾问的，没有人愿意再背负经营职责。此前，我参加了深圳一家顾问公司举办的人力资源大会，发现咨询顾问及人才培育需求非常旺盛，是创业发展的好机会。与先生商量后，我在他全力支持下决定到上海创业并带婆婆回上海。一年半后，我联合了3~5位认识的伙伴，创立了鼎鼐企业管理（上海）有限公司，将婆婆接到上海一起生活。

在1998年到2007年期间，为了完善"我们是客户战略伙伴"的定位需求，我又陆续代理了美国赫曼全脑优势（Herrmann Whole Brain，简称HBDI）、英国RSVP体验教学、美国翰能斯策略管理体系三个知名品牌在中国推广。

可能是个人特质的关系，我不喜欢从事重复性的工作，喜欢面对各式各样的挑战，希望我们的服务为客户创造价值，特别是经济价值。为此，我将公司定位为量身设计的顾问公司。这个定位，决定了公司精致经营的特性。20余年，凭借个性化定制，公司积累了无数有趣的成功案例。

比如，我们为苏州一家在中国排行第一的内部装饰公司进行策略规划及财务管理的培训及辅导，使其在3年内年营业额从4

亿元发展到 10 亿元，最后成功上市。目前，该公司的年营业额已经上升至 300 多亿元。当年我们为其设计的企业文化沿用了 10 年才更新。

我们通过 5 个系统化的课程培训，使全球第一大电源器制造集团 10 个月后，营业额实际增长了 37％，应收账期从 21 天降到 16 天，从而确保了供货稳定，协助供应商与集团共成长。

我们用 15 个系统化的培训课程，帮助全球第一大检验公司培育了 16 位分公司总经理及 42 位中、基层高潜人才。15 个月后，该公司的人力资源总监告诉我，他们这段时期的人才流动率降到 10％以下，是 10 年的最低。除此之外，他们的营业额增长了一倍，获利能力增长了两倍，对人才培育的投资得到了无数的回报。

美国全球知名的科技公司，为了在 150 人中选拔出 30 位精英培养成管理层，邀请我们用两天的培训，协助该公司选拔人才。我设计了培训课程和体验活动，为客户选出 30 位精英。课后一年，学员还可以具体说出培训对自己提升管理能力的帮助，反馈说这个培训是参加过的无数培训中体验最好的。后来，本地两家知名集团也采用了此课程。其中一家，为其最重视的研发体系，从 300 位高潜人才中选出 60 位精英，进行后续的高潜人才培育。

无数成功案例，让我荣幸地参与并见证了中国经济的发展和中国企业的进步，我与有荣焉。

我婆婆跟着我，在上海生活，直到 96 岁那年无疾而终。我帮助婆婆完成了落叶归根的心愿，觉得无上荣幸与欣慰。

我育有一子，今年 43 岁，取得耶鲁大学硕士学位，目前正准备接手一家集团公司。我的儿媳妇聪明贤惠，将两个小孙女（10 岁及 8 岁）养育得活泼可爱。目前，我与先生在家过着银发族的生活，甜蜜且幸福。

卢旭芬

工作和人生的意义在哪里？

我为什么工作？

从读书到毕业后的很长一段时间，我都是快乐的。

相对宽松的家庭教育环境让我可以自由地追求自己的兴趣爱好。比如，因为爱好动漫游戏，我就去学习了日语，没想到这竟然成了毕业求职时的一块敲门砖。可能因为自己是理科生，又对工匠精神一直很推崇，所以我信奉要做就要把事情做到最好，不要半吊子。

作为ERP咨询顾问，刚开始工作的那段时间，我觉得干活本身就是快乐的、令人兴奋的。研究系统功能就像是打游戏通关卡，调研用户需求、梳理流程就像是在绘制游戏脚本，更大范围地了解物流、财务以及行业知识就好像是给游戏增加内涵和立意。更美好的是，有同样爱钻研、爱分享的小伙伴和我一起做这件事。大家不在乎工作时长，只是专注地研究系统、研究流程，分享专业知识，分享客户信息，探讨我们能想到的最好的解决方案和沟通策略。

但是工作几年以后，尤其是跳槽到咨询大公司后，状况开始变了。那时我常常纳闷，为什么我这个工作了两三年的人就能做的事情，在大公司，那些工作了十几年的人却反而不会做？明明是搭把手就能解决的事情，为什么要推三阻四，三催四请才能动一动？在遇到问题、解决问题的过程中，有人告诉我合同、契约的力量，有人告诉我流程、体系的力量，有人告诉我沟通的魔力，有人告诉我知道自己要什么的重要性，也有人告诉我多元包容的意义，告诉我领导力的内涵。我逐渐知道了职场的复杂多样。成年人的世界不是非黑即白的，价值的判断也没有唯一的标准，很多事情甚至没有正确答案。这个时候，我到底在追求什么？我为什么工作？就成了自己心里挥之不去的疑问。完成了一个个项目，自己却越来越感受不到成就感，这种意义感的缺失困扰着我。

我是一个行动力比较强的人。即使脑子里面有一堆的疑惑，只要有几个差不多的点子冒出来，我就会先去尝试。所以，我会主动争取不同的工作机会，看看世界各地的人们工作的模样，体验下自己觉得似乎有意思的行业，通过各种性格测试探索自己的特质，寻找定位。

兜兜转转，我所有的尝试似乎都指向了同一个路标，那就是"接纳并向内求"。这也是设计人生所带给我的最大的礼物。"接纳"这个词经常被提到，但我为什么说这是设计人生带给我的呢？因为它把"接纳"这个词具象化了。具体怎么接纳？怎么就叫接纳了呢？这是些很玄、很棘手的问题。但在设计人生的体系里，我通过一系列的工具，在记录和分享自己的故事的过程中，意识到并破除了卡点，自然而然地做到了主动接纳。主动接纳有别于被动接纳，它要求重构问题，拥抱各种可能性。它没有那种"我别无选择""我应该""我必须"式的压迫感，而是会促使我问自己："是呀，现实就是这样的，所以这东西真是我想要的吗？想的话，那我为什么不做呢？"进而行动起来。

举个例子，很长的一段时间我一直想要做销售，但就是觉得没机会。领导也表示公司组织架构就限定了我们属于 cost center（成本中心），即使有机会也不能自己签单。这让我很沮丧，觉得职业陷入了瓶颈。因为在现在的工作岗位上没机会实践就意味着我想转换到相关职位时没有亮眼的经历。但是，仔细分析一下就会发现：盯着岗位是很难的，职称和薪资结构是没法说调就调的。只要我不介意自己没有销售提成，在本职工作不耽误的前提下，谁会管你去做别的什么事情呢？谁又不想有个免费的帮手呢？尤其是当我还能为公司带来商机时，哪个领导会不乐意帮忙牵线可以签单的跨部门同事呢？而我也名正言顺地加入到商机验证和签单工作中。经验积累多了，找我帮忙的销售同事就多了，其他公司销售或售前的招聘工作邀约也多了起来。而在这过程当中，我也发现了其实我并不是真想做销售，而是希望在更早的阶段参与企业面临的问题的梳理，帮助企业更好地厘清问题，规划立项，做对选择。用设计人生的"人生调音器"这个工具来说，就是我想要的其实是提升影响力和表达力。

我到底想要过什么样的人生？

疫情成了压死骆驼的最后一根稻草。这只骆驼就是自己对工作的痴迷。因为疫情激发了企业对数字化转型的迫切需求，我们这个行业的单子反而比之前多了起来。又因为疫情引发了人员的变动，远程协作让工作中人与人的关系、交互方式发生了很大的改变。我从事的工作本身就需要长时间面对电脑，而当出差和面对面的交流要素被排除之后，一封封邮件，一通通电话，似乎让工作的本质更清晰地暴露了出来。

当家人半夜起来，看到仍在加班的我，或是摇头叹息又或怒斥我不懂得爱惜身体的时候，我开始意识到自己的问题。是呀，我为什么要这么忙碌？真的有那么多事情需要做吗？真的非我不可吗？到底哪些事情是我感兴趣的，而哪些仅仅是责任所在？如果我对工作有责任感，那我对家人的责任感呢？对我自己的责任感呢？想起自己在父母生病时没能陪伴左右，却还让他们反过来担心我会不会过劳死，心里就特别不是滋味儿，内心充满自责和空虚。终于，随着某个项目告一段落，我"裸辞"了。我需要停下来，好好看一看、想一想，自己到底想要过什么样的人生？

也许有人会说，"裸辞"风险太高了，不该这么冲动，应该先请假，或者停薪留职、骑驴找马。我想说，这正好又是设计人生深得我心的另一个点，那就是方法不是唯一的，我们有更多的选择。别人的成功经验需要去听，但听的不是结论，而是他们尝试的背景和过程。我并不需要找到我最热爱的事情才能成为最好的自己。往往一个"最"字就封住了我们前进的脚步，打击了我们的信心。

设计人生反复提醒我们：我们每个人都可以有无数个版本的自己，所谓的"最好的自己"其实是个伪命题。我们可以用设计思维去设计验证那些吸引我们、让我们心动的事情。在尝试行动和讲述自己故事的过程当中，我们会越来越清晰地体察到什么是自己真正想要的、喜欢的。就像我为什么这么毅然决然地"裸辞"了？因为根据那时的情况，首先，我可以判断这个风险我是可以承受的，半年到一年内如果想要重拾一份差不多性质、工资的工作，不是大问题。其次，我就是想体验一下没有雇佣关系的人生。没有公司的平台光环，我能做些什么？没有系统安排好的评价周期和目标阶梯，我的每一天会如何开启？我会如何和家人朋友相处？这段自由的时间让我发现自己也并没有想象中的那么需要工作。我其实不喜欢时间表塞得满满的，我喜欢适宜的、因需要而动的节奏，用现在流行的说法就是"非必要不行动"。

空下来后，在和家人聊天的过程中，我竟然听到了很多从未知晓的故事，了解了他们的喜怒哀乐，他们的很多信念和行为模式。我感到自己和家人走得更近了，他们和我都变得更好了，我甚至还有了想写一本家庭故事集的冲动。和朋友聚会也不再是匆匆忙忙的了。想到了就去她的咖啡店里坐一会，喝一杯，聊一聊，感恩遇到新的缘分。也可以相约工作日去看画展，人少安静，边看边感慨多年的相识相知，各自的尝试和收获，也可以盘算一下一起做些什么喜欢的事。

也有朋友会来向我诉说在职场中遇到的各种不快或纠结，希望我的经验能给他们一些启发和激励。我也会去拜访一些正在开创自己事业或在新领域尝试的前同事们。不论境遇如何，大家都为找到方向并跟随自己的内心而充满力量。我看到了充满个性的、积极的人，而不是一个个目标、一件件事。

我还发现自己就是喜欢学习，学习的过程本身就让我感到快乐。敏捷教练、爬虫、ICF 教练、五行八字、咖啡等等。有人问我，你学这么多有什么用呢？也没看你赚大钱啊！我曾经也因此困扰过，我觉得自己学了很多，但似乎没什么成就。但现在我可以很坦然地回答了。设计人生里有一个工具叫"爱乐工健"。它让我们从爱、娱乐、工作、健康四个维度来给自己的生活状态打分。学习到底算是娱乐呢？还是工作？还是健康呢？其实学习可以划分在不同的维度里，学习目的和意义都是我们赋予的。如果以赚不赚钱来判断要不要学，那目的本身就是赚钱，而学习只不过是一个步骤而已。而我在前文提到的这些学习对我来说更像是玩一场真人游戏，类似于现在流行的剧本杀、密室逃脱等。我的关注点反而在不要沉迷和上瘾上。

当然，学习作为一种娱乐体验，也常常能带来一些意料外的收获，比如，让自己规避很多不成熟的创业冲动。我相信，拥有一家咖啡馆是很多人都会有的小梦想吧？我也不例外。但是因为学习了咖啡制作，和很多的咖啡店老板交流以后，我发现开咖啡馆这件事并不那么吸引我了。我讨厌洗杯子、打扫卫生，也不喜欢为了凑热度而去开发各种猎奇的特调。我喜欢的是精致有创意的空间设计，喜欢的是懂咖啡的人聚在一起交流咖啡豆的来历、对咖啡处理方式的探索，比较和分享不同的冲泡手法带来的不同口感。这不限于咖啡，也可以是其他很多东西。我知道了我的关注点是"美""专业"和"交流"。

我开始意识到"到底想要过什么样的人生"这个问题也不再那么困扰我了。一旦开始真正地接纳并相信人生是有多种可能性的，便不会执着于思考它的最终形态。相对地，我会更珍惜自己的每一次心动，更坦然地面对自己的好奇心和恐惧感，专注于当下，专注于自己马上就能付诸行动的事情，保持对过程和结果满意度的觉察并及时调整行为。

就像《牧羊少年奇幻之旅》里提到的"既要看到世上的奇珍异宝，又要永远不忘记自己勺里的那两滴油"，这样的人生就是我想要的人生。

胡 斌

没有比这更好的人生了？！

我叫胡斌,"60后",一个生活在上海的北京人,在一家叫真爱梦想的公益组织工作了 14 年有余。不少人对公益、对做全职公益人很好奇。今天,我与未曾谋面的你分享作为一名公益人,我经历的事,遇到的人……

人生第一枚戒指

一个人生命中最大的幸运,莫过于在他的人生中途,即在他年富力强的时候,发现了自己的使命。

——茨威格

2022年1月，真爱梦想年会。作为真爱梦想的第一名全职员工，我获得了真爱梦想特别为10年工龄以上员工定制的"真爱梦想戒指"。这是一枚独特的戒指。它刻有我的姓名和我加入真爱梦想的时间，还有真爱梦想的LOGO——小飞机。这枚与众不同、世上唯一的戒指，也是我人生中的第一枚戒指。记得我与大家分享说：

2008年7月，我以真爱梦想志愿者的身份，与真爱梦想创始人潘江雪老师从成都翻越了二郎山和夹金山，辗转13个小时来到马尔康（藏语含义火苗旺盛的地方），至今已有14年。

许多人和我讲，胡老师，你在真爱梦想坚守了这么多年，真不容易啊！作为当事人，回忆在真爱梦想的14年，我还真没觉得我是在坚守。若用一个词来形容我在真爱梦想的感受，可以用"纯粹意愿"来形容，是"无理由地喜欢"我所做的事情。其实，当我走进马尔康二中真爱梦想第一间梦想中心的时候，我一下子就喜欢上它了。在北、上、广、深的学校里都没有见过的图书馆，我却在这川北高原藏区一所普通中学里见到了。

1990年大学毕业后，我在国企做过人力资源，在合资广告公司工作过，也参与创建过文化公司，但总觉得没有找到最想做的事情。工作18年后，在马尔康，从小就是"学雷锋标兵"的我终于找到了想做、愿意做的事情。凭借着"无理由地喜欢"，我一直坚持到今天，从当初的满头黑发到如今的双鬓染霜。

奥地利作家茨威格说过一句话:"一个人生命中人最大的幸运,莫过于在他的人生中途,即在他年富力强的时候,发现了自己的使命。"2008年,42岁的我恰好在年富力强的时候找到了自己的使命,这是我人生的幸福。

当胡斌遇到胡斌

生命感染生命,生命影响生命。

——真爱梦想

14年,结识了许多人,发生了许多事。行走在祖国的大地上,我遇到了许多热爱教育的梦想合伙人。

作为真爱梦想的第一名员工,从2008年7月至今,我一直在广袤的国土上跋涉,结识了一线教育工作者,找寻到有教育理想与情怀的梦想校长、梦想老师和梦想局长,我们彼此感染、相互点亮。胡斌校长就是其中的一位。

2010年10月26日,我独自一人来到重庆酉阳土家族苗族自治县。酉阳地处湖南、贵州和重庆交界的武陵山脉腹地,虽距离重庆主城区不到360公里,但当时还没有通高速,我只能搭乘绿皮火车,一路穿山洞辗转到达。

我来此除了为公益项目落实探访,还有一个个人原因——酉阳民族小学的校长叫胡斌。若不是做公益，生活在大山深处的胡斌校长与生活在上海的胡斌，虽姓名一致，却不可能有任何交集。

我在酉阳实地走访，与当地相关人员座谈交流。"70后"胡斌校长问我："感谢你们和腾讯为乡村孩子带来了图书，带来了梦想课程，还有给老师的培训。我们一定用好梦想中心，上好梦想课程，除此之外，胡老师你们还有什么要求吗？"

"没有要求。"我不假思索地回答胡斌校长的提问。

胡斌校长听罢，再次探问道："胡老师，你们真的没有什么要求了吗？"

胡校长的话，让我猛地想起来之前听说过的事情，一些人和机构打着公益的名义，给乡村学校捐赠物资，之后就凭教师培训和课程资料收费……原来，这才是胡斌校长的顾虑啊！

"胡斌校长，真爱梦想是公益组织，不是商业组织。没有教材要卖给学生；老师参加我们的培训，不会向老师收费，我们还提供差旅住宿。若是有要求的话，那就是请学校用好梦想中心，让孩子多多享受到素养教育的优质资源。"

胡斌校长听后将信将疑地点点头。换作是我，我也会有顾虑：世上真有这样的组织愿意做这件事？！

12年过去了，好学、勤奋、谦和的胡斌校长已经是酉阳县教科所所长、重庆名校长，在当地拥有很大的影响力。这位酉阳带头的梦想校长，带出了一批受益且助人的梦想老师，他们都成为区县的骨干老师，其中向敏老师和蔡念霞老师还作为全国梦想老师的代表参加了真爱梦想组织的"梦想旅行团"，前往埃及和新加坡。来自少数民族、大山深处的普通小学老师，经由自己的努力走出了国门，这是她们以前不敢想的。十几年间，我与胡斌校长一如亲兄弟彼此感染，相互照亮。

找上门来的挂职县长

天下事，在局外呐喊议论，总是无益，必须躬身入局，挺膺负责，乃有成事之可冀。

——曾国藩

他叫王炳华，招商银行浙江台州分行机构部总经理。

他，是全国近300万名一线扶贫干部的一员，在两年时间里，帮扶了两万人。

他，主动申请在定点帮扶县延期一年，而当年，女儿恰逢高考。

他，是挂职副县长，负责招商、卫生、残联等事务，为当地的核桃外销奔走，为高附加值的高原净菜寻找出路，为乡村社区建设卫生站，组织县级篮球赛……

除了帮扶主业工作，他特别关注教育。作为"混沌"学员，在2019年年初,他听到真爱梦想创始人潘江雪的演讲《公益为商业带来哪些启发?》后,自己跑到上海,与潘老师和我见面,说要在他挂职的云南楚雄彝族自治州武定县推动落实"梦想中心——素养教育服务体系",让少数民族的孩子也能享受到优质的素养教育。

他,真的做到了!在招商基金的支持下,5所梦想中心(价值100万元)落地建成。他好比真爱梦想的当地负责人,将真爱梦想的使命与梦想课程的理念烂熟于心。他走进梦想中心听课,参加"一星梦想老师"培训,邀请县长参加梦想沙龙活动,陪同教育局主管副局长来上海参加"梦想视野——局长工作坊"……武定县的梦想校长认可他、相信他,愿意支持他,他也不遗余力地参与、鼓励和推动当地的素养教育。

他做这些,为哪般?图个啥?

在武定,他和我说,他认可真爱梦想"发展素养教育,促进教育均衡,用教育推动社会进步"的使命和"帮助孩子自信、从容有尊严地成长"的愿景,相信"问题比答案更重要""方法比知识更重要""信任比帮助更重要"的梦想课程核心理念。他说,推动少数民族孩子素质教育的发展,是解决控辍保学问题的有效方式。所以,他心甘情愿地做素养教育。

炳华的爱人,先后六次带物资支援武定;女儿两次来乡村学校支教。如今,他回到台州,依旧参与公益,心系武定,不时与我联系。他说自己是这个伟大时代里的一粒沙。

你们为什么做公益？

> 寻找到生命意义的三个途径：工作（做有意义的事）、爱（关爱他人）以及拥有克服困难的勇气。
>
> ——维克多·弗兰克尔

2020年1月，上海。在真爱梦想办公室，我接待了时任国务院扶贫办社会扶贫司社会动员处负责人安珣处长和清华大学邓国胜教授。他们是作为"2019年社会组织扶贫案例50佳"的评委做访谈。

问询交流后，安珣处长问我："胡老师，我有个问题一直想问你，潘老师和你为什么做真爱梦想？"我脱口而出："潘老师是'70后'，我是'60后'，我们都是北京人，享受了最好的教育资源，而我们从小受到的是'为中华之崛起而读书'，'振兴中华，从我做起'。"

安珣处长听罢，一摆手，说："我知道了！"

……

14年间，真爱梦想从3个人、6平方米开始，从一个人的初心变成了一群人的使命，这是发生在我身上的真实的故事。若你对公益感兴趣，可阅读真爱梦想创始人潘江雪所著的《有效的爱——真爱梦想公益方法论初探》一书，欢迎你来真爱梦想找我，咱们一起聊聊……

张琳洁

设计人生下半场

遇见设计人生,是在我退休前一年。

我的人生上半场

我的人生上半场大部分时间在国企,虽然也有绩效考核、有压力,需要努力、需要激情,要争取做得更好、争取优秀、争取晋升……但相比当下这个不确定的时代,已经很平稳了,虽然工资不高,但幸福指数还是蛮高的。没有多大的欲望、焦虑或恐惧,一切都还算平稳,很多人都觉得我运气好。

就在我快要退休的那几年里,我看到早我几年退休的同事,或多或少都会有不适,那种失去掌控和没有价值的恐惧感,也影响了我。我问自己:如果离开了目前这个平台,我可以做什么?我的价值何在?我如何掌控我的人生下半场?

这些问题听上去有点矫情。退休了,不就是享受人生,享受生活,回归家庭,享受天伦之乐吗?这不正是这个年龄的价值吗?

当然,我也认同,但为什么到了要退休时,我还是会有失落感和焦虑感?

我的选择

通常情况下,我的人生下半场还有 20~30 年,除了享受生活,享受天伦之乐,还可以做什么?刚退休的 5~10 年,如何将工作带来的价值感、成就感延续下去?怎样才能有更多的体验和感受?

每个人都有自己的选择。我很享受工作带来的价值感和成就感,当我离开国企这个平台,我如何找到我的价值感和成就感呢?想到这里,我似乎理解退休的同事的感受了,也开始焦虑了。带着这份焦虑感,我逐渐开启了学习和探寻之路。我参加了大量培训,学习了各种课程。

遇见设计人生

2022年，当我看到《斯坦福大学人生设计课》的时候，我非常好奇，"人生"可以设计？我看了介绍，除了年轻人可以设计人生，职业转型期的中年人也可以设计。我想，就当作一次职业转型吧，看看我的人生下半场如何设计。于是，我就报名了。

回到家，我把报名课程的事跟我先生说了。我先生有点诧异："都快退休的人了，还设计人生？你折腾啥呢，这些年，你又是读书又是练习，还没够啊，退休还要设计啊！"

我笑笑，也没跟他解释。这几年，我参加各种学习，先生虽说不赞成，但还算支持，我已经很满足了。

经历将近10个月的课程学习、教练实践、团队辅导和支持，以及DYL社群共创，我终于悟到，这不是一门知识课，或是一场教练认证，而是一项技能，就像学骑自行车、学游泳一样，你不骑、不下水是学不会的，而且一旦学会，终身受用。

设计人生的基础是设计思维和积极心理学，我们所受的教育，让我们习惯了工程思维，而很少有设计思维。我是一名工程师，尤其是我这颗已经习惯了体制内思维的头脑，大多数状态是听指令工作，主动性不高，更不要说设计思维了。对于我来说，难度真的不小，这么多年的习惯，怎么可能说改就改呢！同时，这对我来说，又是全新的东西，我非常好奇，它会带给我什么。

这几年的学习，让我深知思维模式的重要性。"思维决定出路"，这个"思维"到底是什么？我觉得我正在学习一种新的思维——设计思维。

设计思维

我理解的设计思维＝接纳＋同理＋定义问题＋设计/生成想法＋制作原型＋测试。

对我来说，这六个环节里大部分是我之前没有考虑过的，是我的盲点。尽管作为一名工程师，任务就是分析问题、解决问题，也会尝试这个办法不行，那就试试另一个办法，但我的头脑里似乎没有"设计"这个概念。即使有，其背后的理念也不一样。我开始尝试在我参加的公益项目里加入我对设计思维的理解。

接纳是什么？接纳我自己就是这样的，而不是那样的；我在这里，而不是那里。接纳基于我对自己的认知有多清晰，有多客观，是一个心理过程，大概90％以上的人都会高估自己。

同理是什么？设计我自己的人生，我要同理我自己：我为什么焦虑？我焦虑的背后是什么？我看到我自己的需求了吗？我需要做些什么缓解焦虑？

如何定义问题？焦虑年龄大了，会被淘汰，会没有价值。年龄是"重力问题"，我能解决吗？年龄大了就一定会被淘汰吗？就一定没有价值了吗？这是"锚定问题"。被淘汰的是年龄，还是我对世界的认知能力？

如何设计/生成想法？一个人头脑不够，可以借助他人的头脑，一个好的想法可以来自很多想法。之前，我的思维好像从来没有像这样子打开过。现在，我经常会问：这事你有什么想法？

制作原型是什么？一直以来，有些想法我总是在头脑中设想，从来没想到过可以问问那些相关的人，可以亲自去尝试或体验一下，可以去实践一个星期。总之，我可以花最小的代价，行动一下。即使以最快的速度失败一次，也不要纸上谈兵。

测试是什么？前几年我想学瑜伽，但我不知道我是否可以坚持，于是一直没有开始，现在我尝试测试。我去上免费体验课，学习了简单的动作，回来我尝试每天做半小时，看是否可以坚持一周，没想到我做到了。我又去体验了一堂免费课，再试了一次，我还是能坚持一周。这期间我感受到了，动作虽然简单，但效果明显。然后我付费开始正式学习。目前，我已经习惯了每周五天、每天一小时的瑜伽课程。

但另外一个原型，我却没有测试成功。我想开一家小网店，这个想法也已经有好几年了，但我从来没试过，不敢试。这次我想，我得试试，免得这个想法经常冒出来。于是，我在一家平台免费注册了小店，还给小店取了店名，但是两个月不到，我就关店了。我发现我不善于营销，我对客户的心理不了解，我经常自说自话。如果我真的打算要开小店，我需要从设计思维的第一步，重新开始，不断迭代原型，直到测试成功。

认知的改变

设计人生对我职业转型或者退休后有什么帮助呢？

设计人生让我看到未来更多的可能性，这是我之前所处的环境和我的认知所没有涉及的。这些年一直在学习，内容涉及心理学、教练、组织发展和领导力等，设计人生让我之前的学习变得更有价值了，我对未来有期望，认知发生了变化。

于是，我有了转型 ABC 计划（"奥德赛计划"）和保底计划，并制作了我的 A 计划原型。如果 A 计划行不通，我还有 B 计划，如果运气好，还可以兼顾 C 计划，同时我还有保底计划托底。

因为认知的变化，我的工作状态也发生了变化。我交付的项目，不再是任务式的，而是在允许范围内更贴近客户的交付，我在其中有新的体验和享受，就好像在测试原型。这个过程我还蛮享受的。

在国企，我这个年龄，这样的工作状态，别人似乎有点"看不懂"，但现在的我，已经无所谓别人怎么看我了。突然有一天，老大找我谈话:"你可能要晚一点退休,还有一些事需要你协助完成。"我想也没想就答应了,老大也愣了一下,没想到谈话只用几分钟就结束了。

回归

设计人生,让我放下那份焦虑。我还是原来的我,只是思维发生了变化。

我发现那份焦虑其实来自内在,在这几年的学习中,我的内在逐渐稳定并稳固,我可以笃定地寻找我想要的有价值感的、有意义的人生下半场。而价值感和意义不仅仅是别人赋予的、别人认可的,更多来自于我的内在,那种不依赖于外在便可以获得的美好的感觉也许就是幸福和快乐。

设计人生是我学习和探索过程中的一个里程碑,它让我发现新的自我,认识自我,找回自我。

在 BANI 时代,设计思维是职场人士的重要能力。设计思维也是创新的方法论,用于企业、商业等各个领域。设计思维可以从最小的、立刻就可以测试的原型开始。我的做法是继续实践设计人生和设计思维理念,在完成工作的同时,开始我的 A 计划——企业和个人的人生设计教练。

人生没有太晚的开始,我庆幸我在退休之前遇见了设计人生。

最后，如果你也处在转型的十字路口，不知往哪儿走；如果你也想更多地自我探索和提升；如果你有跟曾经的我类似的想法、感受，不妨来一起聊聊，找到方向、发现真我、提升思维，看到更多可能性。

第 三 章
成长的力量

 迟正仪

用教练激活可持续成长

2022年12月31日，动荡转折的一年的最后一天，我和我的两位客户分别进行了系列教练合约中的一次会谈。或许你会觉得元旦假期还要工作，真辛苦，但对我而言，恰恰相反，从事教练工作，实实在在地去交付价值给客户，总能让我感到精力充沛、内心丰盈。当我听到其中一位客户对我说："正仪姐，通过这两次我们的谈话，还有对我工作观和人生观的梳理，我发现自己更清晰地知道自己是怎样的人，也更有自信了。以前我找过职业规划师，但我感觉和你的谈话跟过去职业规划师的谈话的最大不同在于，过去职业规划师告诉我自己是怎样的人，但是听完分析后

我还是不知道接下来该怎么做。现在跟你谈完，透过你问我的问题，还有你对我的工作观和人生观的梳理，我觉察到了什么是可以给我带来正能量的事情，我拥有了行动的力量并且也知道接下来要怎么开始采取行动。"我不仅感受到客户的喜悦，更坚定了教练是一个助人的职业、一种创新的成人学习成长方式以及一门融合的新兴学科；我更感受到教练正是自己喜欢和自己擅长领域的有机结合，我为身为教练而充满使命感。

教练的价值

对我而言，教练和顾问以及其他助人工作最大的不同，也是它最吸引我的地方，在于教练是以相信并激发个人无限潜能来驱动目标的达成。教练不会告诉你应该怎么做，而会透过高度同理心，积极聆听，并与你深度对话，启发你去觉察一些盲点或者阻碍了你前行的限制性信念。经过与教练的对话后，你的目标变得清晰有意义，你自身想要改变的内驱力被激活，拥有源源不绝的行动力，持续转变，持续成长。

教练帮助一个人突破认知边界并且跨越从知道到做到的鸿沟，而组织发展的核心是人的发展，所以教练可以说是面对多变、复杂、不可预测、不可控的市场环境时，个人和组织可持续成长的原动力，也是创新转型落地实行的基石。

在外企职场工作了 20 多年，担任过广告业务管理和人力资源高管之后，我现在是一名专业的设计人生教练和团队领导力教练。我喜欢做教练，因为教练是授人以渔，而不是授人以鱼！我喜欢这样有意义的助人工作。

客户收获

以下是我摘录的另外两位客户和我的教练旅程心得。感谢客户同意并且乐意分享！

3 个多月的教练辅导时光飞快，这其中享受和沉浸的感觉不是一般的交流和培训能给予的。对我触动最大的是，在面对重要的分岔路口或混沌的状态出现时，Ivy 提出的那些拍案叫绝的问题，不断启发我发现事情的关键和本质，会让我收获茅塞顿开和灵感瞬间显现的惊喜。感受最深的是，教练不仅仅是一种方法，它还是一个觉察的过程、一种思维的方式和一种影响的力量。每次跟 Ivy 聊完，我都觉得心中阴暗的角落被照亮了，Ivy 带给我的那种热情而直接的光的力量，帮我更好地觉察自己、相信自己、改变自己，谢谢 Ivy 给我带来的帮助和变化。

T. L，中层管理者

上海

我觉得（教练）对我的影响是让我能够感到被接纳，被理解,被支持,能够让我在一种很激烈的情绪当中或者很脆弱的状况下,有信心并且积极地去发现自己,积极地去实现自己。这种由内而外的一种自我成长的信心,让我看到自己是有能量的人,能够达到自己想要的状态、获得想要的成果的人。

我感觉Ivy是在我周围营造出了一个空间,然后在这个空间内帮助我觉察自己,看见自己,激发自己。我感到自己在这个空间内不断地释放出一些超出我想象的能量,一次一次地去超越。

Y. X,部门主管
北京

连接你和我

职场高管的历练帮助我了解员工和组织发展双方的需求,并且可以从如何创造共赢的角度提供不同的支持。我积累了数百小时的教练经验,我的客户包括数字营销、金融业、科技业、保险业、餐饮业的中高层主管,还有各行各业的自由职业者和职场新人等。我支持他们突破带团队的困境,打破职业发展的瓶颈,明确人生目标和职业发展的方向,并且做到知行合一,以促进个人和组织的可持续成长。

人生旅程,一路走来,此刻的你,处于什么状态?你想往哪里去?

或许，你生活、事业有成，是同伴眼中的"人生赢家"，当下似乎并不缺什么，也没什么棘手的问题亟需解决，但你似乎隐约觉得人生不该仅是如此，似乎还有些什么是你想去探索的。

或许，你有燃眉之急需要处理，你是一名主管，正面临着业绩增长趋缓的压力和主管难为的种种问题，你想要有所不同。

或许，你是一个对自己有追求也有要求的人，面对职业发展进程，你想要提速，自我实现与成就。

或许，你在忙碌的工作生活中感觉想做的事很多，但时间总是不够用。你面对某些人际关系或角色，感到无助或无奈。

或许，你正经历着一些改变，感到前路茫茫，你不知该去向何方，只知道不想跟现在一样。

或许，你情绪不佳或状态低迷，想要改变，但你苦于道理都知道，就是做不到……

以上哪一种情况让你产生了共鸣？或者以上皆非，你有着专属于你的人生场景、工作挑战、生活困境、自我纠结……你想超越它们。

你不一定非得找我做教练，但是你值得拥有一位合适的教练，伴你成为更好的自己。

进入教练旅程

作为国际教练联盟 ICF 的认证教练，我发展的 WIN-WIN 共赢教练模型是我的实践框架，也是我支持客户达成目标的思考结晶。它帮助客户和他自己以及他所处生态系统达成共赢。

这里的"赢"指的是你想要做什么，而你真的做到了；或是你想要拥有什么，而你真的拥有了。这就是达成目标！

"共赢"在此指的是你成就了自我实现（赢得自己），并且让你所处的生态系统成为你自我实现的助力（让你的利益相关者赢）。"共赢"是我在系列或单次教练会谈中想邀请客户去探索的宏观视野、高维视角。"共赢"要求你连接自己，连接你所处的生态系统，连接教练及教练空间场域，以此开启新觉察和新行动。

如虎添翼的设计人生思维和工具

我从2022年9月开始接触源自斯坦福大学最受欢迎的选修课

设计人生。它的思维方式和工具扩充了我服务客户的创意、创新维度。它将苹果电脑、手机等等硅谷创新产品的设计思维和积极心理学相结合，赋能我们，像设计师一样思考自己的人生。设计师不会被问题困住，因为他们懂得如何重构问题，他们善用好奇心，关注过程，彻底协作，以行动为导向，所以他们可以有源源不绝的创意。他们大胆畅想未来，并且透过低成本、高效率、快速迭代升级的方式，活出想要的多样精彩人生。

在众多实用的设计人生工具当中，我个人最喜欢的工具是《斯坦福大学人生设计课》第 3 章所提到寻路线索之一：关注你的能量水平。我协助客户通过对自身能量状态的观察和管理（而不是投入时间的管理），不仅获得了更幸福的生活体验，也惊喜地在能量管理的教练过程中，为他未来的职业发展找到了一个新的方向。

设计人生最具代表性的、协助一个人畅想人生多种可能性的"奥德赛计划"（详见《斯坦福大学人生设计课》第 5 章）等着你来体验，为你的人生设计 3 种不同版本的 5 年计划。我自己写完了 3 个"奥德赛计划"之后，发现工作和生活多了好多可能性，有了新的具体创意和热情，并且都觉得自己可以做到，真有一种行动带我飞翔的感觉。我在客户的教练过程中应用了"奥德赛计划"，看到它为客户创造了更多可能性，而客户为此行动力倍增。

如果你想要了解设计人生教练陪伴营开营详情以及更多教练带来的收获和改变，请联系我。

徐初晗

爱自己，是闪光的开始

今天终于跟妈妈说："我不想再做一个你嘴里说出来的'让别人喜欢的人了'。"说完后，我如释重负。这句话已经放在我心里 40 多年了。

因为太爱，太过于依赖，所以妈妈的一言一行都会成为我的关注点。对于一个在传统家庭里长大的人来说，放下根植于心的那份"最爱"太过于艰难。我经历了从认知到理解再到改变的过程。现在的我明白：真正地爱自己，才是闪光的开始！

我从小生长在一个爸爸、妈妈、外婆都是老师的家庭里，姐姐在 18 岁之后，也当了幼师，我却是家里那个一直被教育的孩子。从小到大,我都在不断地反抗、逃避。小时候,我的外号叫"假小子",不被大人喜欢。我跟男孩子一起爬树、卖废品,我甚至比听话的男孩子更有想法和执行力。"你实在是太不听话了!"外婆说。妈妈总讨厌我问为什么。我想不明白的事,谁都不能强迫我去做。父母常用一切的方式来打压我,却造就了我任性、没有安全感的个性。

我的童年生活中,家暴是常事,爸爸和妈妈经常扭打在一起。我5岁那年,他们成为学校里仅有的一对离婚夫妻。那时候,估计只有我是最高兴的,因为我再也不愿意被妈妈抱着,惊慌地跑出门。调解的人说:"这个孩子还没有长大,啥都不懂!"可我清楚地知道,我最爱、最在乎的那个人不会再受苦了。

然而,妈妈离婚后带着我,生活并不怎么好过。我们搬去旁边的农村暂住。冬天,我们要推车拉煤,床是门板搭成的,房间里有很多老鼠。为了防止老鼠咬我耳朵,妈妈常常一夜不得安枕,但这一切对还是个孩子的我来说,并不"苦"。随时牵动我的只有妈妈的心情。我极力压制住自己的感受和想法,只希望她不要崩溃。

我的外婆曾经是南京医科大学的生物老师。在我的记忆中,她会不停地数落我,无论我怎么样去讨好她,都不能讨得她的欢心。那时,我时常想:既然你们不喜欢我,为什么还要带我来到这个世界上呢?

我就这样在一个缺失爱的家庭中成长。15 岁那年，我终于有机会"独立"了。或许是不被驯服、年少无知的特性引领着我，或许是强烈的自我厌弃，我放弃了继续学习，奔向了前途未卜的旅途。1992 年，我成为一个串场的模特，游走于福建、广东等沿海地区。纸醉金迷的社交场所常常令我不知道所措，只会习惯性地努力讨好那些爱护我的人。我成为同龄人中最早的"万元户"，但我依然很困惑。

1996 年，我孤身一人坐船来到上海，一边继续做职业模特，一边在寻找"退休"之路。一次和妈妈走到路边，看到招聘洗碗手套的促销员，想去试试，但我什么都说不出来，而妈妈手舞足蹈地讲着她对化学工业的理解，让雇主听得连连点头，却对我一脸鄙夷。习惯站在舞台上无数聚光灯下的我觉得自己丢尽了人，恨不得马上就走。妈妈还在为她这个前途未卜的女儿努力争取。强烈的自卑笼罩着我。后来，在模特经纪公司老师的推荐下，我利用在一家服装公司做试衣工的机会，自荐担任服装公司老板的助理，却对软件、管理、待人接物一窍不通。我仿佛贴上了没有用的标签。一个偶然的机会，我从一位设计师的口中，知道自己可以考艺术类大学，这让我的人生第一次出现了光芒。我迫不及待地报考了中国纺织大学（现东华大学）。

这是我人生中的第一次大挑战。幸运的是，我的专业课成绩名列前茅。我不顾一切地自学完成高中文化知识的学习，在临近高考的前两个月,我独自回到户籍所在地新疆独山子,开始了一个人看书、做饭、洗衣的生活。历史书永远在我的枕头旁边,书包里有无数张考卷。1999 年 7 月,我等到了自己期待已久的录取通知书。我第一次知道当自己想要努力的时候一切都还来得及,只要你真正想要,用心努力去做,自己一定能成功。刚上大学,我的英语成绩一直让人头疼。到了大三不再强制学习英文后,我所有的专业课成绩单就很亮眼了。比起没有社会经验的同学,我更明白自己要什么,需要在哪个方面努力。我全身心地投入学习,每门功课都拿到自己满意的分数。在大三的时候,我得到了人生中的第一个认可——奖学金。我幸福地度过了整个大学生涯,并且在大一遇见了我的带着"加拿大 8 年 MBA 海龟"光环的男主角。2003 年,我大学毕业了,并拒绝了留校,因为我的男主角这时候已经迫不及待地想让我去从事商业,他希望我可以早日嫁给他。

2004 年,我刚刚装修好婚房,就被朋友拉去传媒公司做渠道开发,我跑遍了江浙一带所有的高尔夫球场及上海的一些高级写字楼。我在努力证明自己的价值,丈夫的事业却并不顺利,一直零散地向父母借款。为了他,自幼好强的我开始向公司借款贴补家用,还兼任公司的销售。我像是驶进了高速车道,开始奔向自己人生的第一桶金。

公司在纳斯达克上市,我背负着业绩压力;扛着看不到尽头的经济压力;还承受着生育压力。各种前所未有的压力导致我平日里一直低烧不断,假日里高烧不退。2009年5月,终于在又一次丈夫开口向我借钱的时候,我的希望彻底崩塌了,当即买了一张单程去纽约的机票,我想彻底冷静地看看自己的生活到底怎么了。

初到纽约,我用尽蹩脚的英文努力跟当地人沟通交流,常常是我说的别人听不懂,别人说的我听不懂,像一台无法录入信息的机器。从找房子到去银行取款,再到买手机卡,我逼迫自己不说一句中文。每日曼哈顿的地铁快讯都靠猜。我的生活陷入了极度挫败之中,但这也敌不过过往生活给我带来的伤害,那些不堪回首的一切促使我迈出这一步,我痛下决心死也要坚持下去。

在纽约我要弥补过往的学习,去认知和理解西方人的思维。半年后我渐渐融入纽约客(New Yorker)。我从上东区搬去上西区,跟三个年轻女性一起生活,她们一个是白人护士,一个是黑人活动策划,一个是巴基斯坦高管白领。每个人的生活经历各有不同,整个世界大门突然朝我打开了。我想要知道世界上正在发生的大事,受很多人的吸引,我的巴基斯坦室友就是一个很好的例子。她的自信和主张让我向往。她是纽约世界知名的四大咨询公司之一德勤会计师事务所某部门的高管。她有着公主的气质和容颜,喜欢周游世界,喜欢旅行、探险,体验世界各地的风土人情是她生活的一部分。素食、瑜伽令她保持着充沛的精力和快速的反应。我跟她交流得少,但始终对她保持着极度的好奇。

我在纽约认识了一些常青藤名校毕业的优秀欧洲学生,也认识了一些影评人、投资人。

在回国的前期,我开始了在南美洲的旅行,我带着我的泰迪小熊开始飞往巴西、秘鲁。之后,我又再前往土耳其旅行。在2010年年底,我回到上海。这个城市对我而言,冰冷又熟悉。我依然坚持自己的选择,离开了那个曾经以为是一辈子的怀抱。在这错误的结合中,我在愤怒之后,陷入了怀疑、极端、敏感及脆弱的状态。我扪心自问,难道离婚就是再找一个所谓的"合适的人"吗?这次离婚是因这个问题而起,那下一个问题出现的时候,我该如何解决?我逼迫自己接受自己"能力"不足的现实,但我找不到修炼"能力"的方法,自己无法自洽。矛盾中,我想要一辈子一个人走下去。我变得不太想讲话,也开始麻木,常常陷于"我是谁"的思考中。于是我开始尝试去了解自己。2011年起,我经常独自旅行,在充分享受着自主的同时,去经历不同的人生状态。我不断地转换工作,但对于工作,我再也找不到100%的投入感。

2012年,我第一次接触"宝贝之家"公益组织,看到了那些被遗弃的残障婴儿。我被震撼了,生命的渺小和脆弱,孩子们那种无助或回避交流的眼神,那种探索的触碰和对拥抱的渴望深深地刺激着我。从此我柔软的内心埋下了一颗种子。我深刻地意识到原来爱是默默无闻地付出的，爱可以默默地改变一个弃婴的命运。在往后的日子里，我更加关注及参与各种不同的公益活动，在付出中救赎自己。我一点点地了解自己和理解父母，也在这个过程中不断地疗愈过往的伤痛。

2022年年初，我刚禅修闭关结束，从朋友那了解到斯坦福大学的设计人生教练项目，我好奇地参加了，清晰地看到了自己可以改变的动力和方向。那一刻，希望之火再次燃起。我通过不断的学习和练习，通过一次次的案例，更加了解自己的感受，也看到很多人的不容易。没有一个人可以轻松面对自己的经历，我们都无权评判不属于自己的经历和感受。

在此过程中，我感谢依然热爱渴望美好生活的自己，感谢遇见的所有一切，设计人生教会我珍惜，教会我幸福的能力！设计人生让我明白，只要不放弃，你永远都有机会。通过设计人生，我懂得了：做真实的自己，了解自己，真正爱上自己，才有机会超越，才有机会拥有闪光的开始！

希望我们有机会相遇，听你聊聊工作和生活，与你一起探索未来。

在此，我特别感谢父母给予我体验生命的机会！

感谢朋友及道友不离不弃的陪伴！

感谢曾经一起共事的老板及工作伙伴们的激励及协助！

感谢让我体验苦难的人，是你们让我格外珍惜现在拥有的一切！

感谢设计人生的老师及伙伴们所给予我的帮助和肯定！

感谢天地万物给予我正向的能量！

感谢你、我、他，让我们一起共同见证更美好的未来！

顾文轩

要成为"听话的孩子"吗?

"你要是像×××就好了。""像×××"后面总有一个形容词,"听话"。这句话我并没有在父母口中听过,因为我就是那个"别人家的孩子"。

在幼时的记忆中,忘了是在什么情景下,妈妈很自豪地摸着我的头,面带微笑地和长辈们说:"孩子很听话的,一回家就主动写作业、练琴、练字,不用催的。"爸爸也很配合地点点头。这时候,阿姨姑姑们会瞪着眼睛,拍拍自己孩子的背,"你要像姐姐那样听话多好!"或是戳戳孩子的脑袋,一副恨铁不成钢的样子,"你怎么就不能像妹妹一样,让我省点心呐!"幼时的我扎着羊角辫，慌忙一扭头，假装听不明白大人们说的是什么意思，其实心脏扑通扑通地跳，紧张中带着开心。往后，我越发将这一套流程贯彻始终。只是到高年级，遇到的诱惑让我为保住"听话"的称赞费尽了脑筋。

为此我用了很多小策略。要看《大长今》电视剧，每天晚上先假装要睡觉了，把房间的门关好锁上，打开电视的同时疯狂按音量调节键，再熟练地找到湖南卫视；要看《哈利·波特》，回家后胡乱"画"完作业，随手抓起一本语文书或者英语书摊开，盖在泛着绿色的《哈利·波特与火焰杯》上；要编塑料五角星、捏人偶、篆刻、画画等，就控制好书本与书本的间隙，左右移动、精密操作；晚自习复习功课时，我就躲在一层一层的教科书刻意堆成的"墙壁"后翻完了《包法利夫人》《红与黑》《穆斯林的葬礼》《漫客绘心》《悲惨世界》《恰同学少年》《动感新势力》……不知道听话到底是为了什么，但是扮成听话的样子，就能有更多不被大人盯着的时间。

就这样，我很听话地上大学，也习惯了不思考我为什么这么做。

或许是大学不像从前有繁重的学习任务，也没有人对我说要听什么话了，这种突如其来的自由感，让我觉得日子可真没劲啊，到底要干什么呢？

冬日下午的阳光让人懒洋洋的，我百无聊赖地看着视频，也没有了害怕被发现的紧张。视频中剪辑了日本动漫里一些经典的振奋人心的片段。"教练，我想打篮球！"随着三井寿跪在地上对着梦想的表白，窗外夹杂着一丝丝温柔的风吹来，我一个激灵：他为什么这么执着地要打篮球？我在做什么呢？我为什么要上大学啊？为什么要考试啊？为什么要听课啊？这些事挺有意思的，但是为什么呢？我想做什么呢？

我想拽住时间，用时间积累知识的厚度，成为博学智慧的人；我想用心创新实践的高度，成为不负青春的人；我想和他人一起抵御诱惑，坚持自己的理想和生活信念，拥有强大内心；我想和他人一起，找到人生的追求方向，度过美好的人生。

好像从那之后，我又成了"听话"的人，只是在听话的前面多了一个词——主动。我不再逃任何一节大课，不再想着哪一个座位是老师最不会注意的位置，不再推理计算哪个知识点所占分值的高低。

后来，我被学校选为交换生前往美国，也出色地完成了在海外的研究生学业。

在研究生的 orientation 那天，我在备忘录上记下了当时的想法：

不拘于一隅而自恃真理在握，不只是追求真理本身，而是更多地追求发展的可能性。

理念是自上而下的渗透，理念与思想比知识与技能更深入人心。

但记得"此去西洋,深知中国自强之计,舍此无所他求。背负国家之未来,取尽洋人之科学。赴七万里长途,别祖国父母之邦,奋然无悔。"

这里的月亮和中国一样圆,但中国的饭菜最好吃。

工作是追求月亮还是六便士?

临近毕业,同学们开始实习、工作。和我同期的中国同学们全部都回国工作了。我看着大家回国后几乎都是回家乡或考编成为教师,在羡慕他们以后生活安稳的同时,心中也燃起闯一闯的火苗。

爸爸妈妈打来视频电话,反复试探着我要不要也像其他人一样回国考编,不用为生存独自拼搏,安安稳稳地留在家人身边。毕业时,我拿到了一份美国名校的 offer,对未来发展的信心让我忘记了生活的蝇营狗苟,满心描绘着美好的理想:国内的学前教育正值上升期,但婴幼儿发展的探索非常少,我可以在这么好的平台上多多学习,吸收经验,回国后一定能有所成就!

在国外工作时,带着学生们在户外探索,我想起曾经看过的一段小对话:"不知怎么,晴问我,人是从哪里来的?我说是一点点长大的。又看着桃子湖旁的柳树问,树是从哪里来的?我说是从泥巴里长出来的。又问,泥巴是从哪里来的?我说是石头一点点变来的。又问,石头是从哪里来的?我说是地球一开始就有的。又问,那地球是哪里来的?我只好说不知道了。"(摘自一个5岁女孩的对话,2012年2月22日)感叹对世界保持一种质朴而天真的感受力,不耽于思虑,保持自我生命的整体性与完整性,保持成长中自然与人为之平衡,是一种多么美好的生命力啊。

回国后,我投入婴幼儿发展领域,开始了在国内的第一份工作。直到我拿着薪水,交完房租和押金,在深圳安顿好,银行卡上的数额成了负数,才感受到毛姆通过对人物和故事的极端刻画,正是要追问一个芸芸众生必须要面对的永恒的命题。

很幸运,国家"二十大"整体发展规划高度重视婴幼儿发展,让我对追求"六便士"更有信心了。

当心灵停驻在平庸的躯壳里,被束缚在平淡的生活中时,我们又该如何看待并处理?究竟如何处理,我们才能保持内心的平衡,我们才算得上不枉来世间一趟呢?可以说,只要人类还在面对这些内心挣扎和艰难抉择,《月亮与六便士》就永远不会过时。那么我们究竟该如何抉择呢?说实话,没人知道,毛姆也没有给我们答案。或许,满地都是六便士,我们为何又要好高骛远地追求月亮呢?或许,不论如何艰辛,也不论结果如何,我们都要为理想奋力一搏,正所谓:即便身在阴沟里,仍有人在仰望星空。满地都是六便士,他却抬头看见了月亮。

不论你是选择现实，还是追求理想，二者并无高下之分。选择现实的人不嘲笑为理想疲于奔命的人好高骛远，追求理想的人也不贬低选择现实的人苟且偷生。不论作何选择，我们都是在探索生活的意义，即便一生都犹疑不定，也不要紧，因为寻找本身就是意义，而在平凡中探索意义，或许就是我们每个普通人最大的英雄举动。

我是女儿、伴侣，还是职场人士？

随着时间的流逝，我的身份越来越多，体验越来越丰富。

所有人终将老去，但总有人正年轻。关注身边年纪渐长的长辈，也担心总有一天上了年纪的自己。这时候，我是女儿。

"虽然未曾见过他，然我看着面善，心里就算是旧相识，今日只作远别重逢，亦未为不可。"这时候，我是伴侣。

得正其心，得正其事，从心所欲不逾矩。这时候，我是职场人士。

我会是谁？是父母的女儿，是爱人的伴侣，是孩子的母亲，是他人的朋友，是教育的同行者……可是，我首先是我，再是别人的谁。

"世界上有很多个我，一个想回家，一个想远行；一个举杯邀明月，一个跪地捡碎银；一个青衣白马徐凤年，一个烟火人间轻声言；一个在文字里白马春衫慢慢行，一个在生活里蝇营狗苟兀穷年。"

听话或不听话，是选择；理想或现实，是追求；家人或朋友，是当下。

爱我所爱，也爱我所得，没有人能帮我们过这一生，但我们可以创造出自己的未来，与自己和解，过着幸福的生活。以平静之心、泰然之势，笑迎人生，你一定会长命百岁。

Practice makes better. 我愿意和你一起探索属于你的美好人生。

吴 娴

另类陪跑者——与利基（Niche）行业中小企业主共舞

雨水刚过，春天越来越近了。回望过去几年，我一直在思考：人的下半生该如何规划呢？

2018—2022年，5年的践行，我逐步清晰自己的价值角色：另类陪跑者——与利基行业中小企业主共舞。

头部咨询及行业咨询大咖更愿意服务海内外各行各业的头部组织，在冉冉升起且中小规模的隐形未来者中，有很多机会等待独立顾问去挖掘，特别是实战出身的顾问。出身市场销售、深耕

HR及组织变革与发展、兼顾项目管理与卓越运营的我，坚定、更容易接地气，立志和中小企业创始人们并肩前行。

能力积累篇

2018—2019年的海外并购案：投后整合项目

背景：国内上市公司全资收购北欧企业。

角色：PMI（内部）项目负责人。

我得到集团的支持和委任，尽职调研人力资源，开启自己将近两年的学习成长旅程。

在德勤并购、审计、投后咨询团队的大力支持下，我作为投后整合项目的组织内部负责人，与专家顾问共同访谈、诊断，最后做出中外团队"融合"行动计划表，并带领内部行动负责人进行定期跟进直至项目圆满完成。

能力提升：跨文化沟通的实战、项目管理、团队动力的多元角色扮演、变革管理。

2018年的企业办学的MVP（最小化可行产品）

背景：技术型应用工程师的市场供应短缺及发展通路模糊，令高层探索新的模式与机会，我适时开启从"人"到"人才"再到"一线技术人才"的培养方式的探索，同时也开启连接"教育体系"及"人社体系"的职业教育的认知。

角色：项目管理

第一步，走出国门，学习德国的双元制模式；

第二步，在企业大量需要技术蓝领的事业部里挖掘真实需求；

第三步，学习教育部、人社部发布的各种政策及激励机制；

第四步，用工程思维的方式，组织资深工程师撰写课程并建设线上学习平台；

第五步，小批量试运营测试企业办学的可靠性（MVP 模式），最小化可行产品是用最快的方式，以最少精力完成"开发-测量-认知"的反馈循环。虽然这个产品并不完美，但在后续的几年时间里，市场蓬勃发展的态势证明了产品的性能。

能力提升：认知思维及结构化思维、商业模式的探索、MVP 全流程试验。

2020—2021 年细分行业 in-house 项目（企业内部）

卓越运营

背景：逐步淡出 HR&OD C 位角色，进入细分行业的内部整合管理。负责各职能模块的流程制度优化、目标管理的现管与中长期规划、任职资格的确定与人才盘点及对标工作、接班人规划的落地实施。两年全身心的浸润与体验，我将组织从不足 200 人扩充到 300 多人，将作坊式的管理团队改造成反应快速的管理单位。

角色：营运负责人。

能力提升：实操实践、战略布局、教练赋能。

项目管理

背景：通过 PMO 系统实现项目管理方法论的落地执行，明确记录项目生命周期中各个阶段的重要数据信息；

实现对销售过程、合同报价、项目预算、成本和进度控制、项目风险、回款和售后的跟进和利润分析；

使系统成为管理层、财务、事业部、人力资源共同分析监控的核心管理系统之一。

通过企业内部调研，基于卓越运营的流程梳理闭环，将 PMO 项目管理系统分 3 个阶段，在 20 个月内完成数据闭环。

角色：PMO 总策划。

能力提升：创新思维、数字化管理。

2022 年组织内部战略业务合作伙伴（组织发展高级顾问）

背景：在外企、民企历练 30 多年后，整理整顿知识体系，我于 2021 年启动了自我成长的 GSU 大学的组织发展硕士课程学习。2022 年我一边学习唐荣明博导的第六代管理理念，一边配合企业内部组织提升需求，从诊断、蜕变、冠军团队打造层层梳理、步步为赢，基本完成以 CEO 为中心的第一梯队的打造。

角色：组织发展顾问。

能力提升：组织诊断、组织干预、蜕变技术等。

2022年组织力提升项目——结构化思维的历练人

背景：通过前面4个项目的历练，发现组织千差万别，但不同阶段所面临的痛点和核心问题大同小异。让组织进入开放与包容的状态，从容面对现实与挑战，除了需要使用结构化思维的引导，应用学习到的各种模型，更多的是激发组织内部的体验和觉察，使组织内部形成使命必达的目标管理与产出系统。

角色：陪跑者。

能力提升：乙方思维的建设与践行。

知识技能拓展篇

实战技能：我通过PMI（投后整合）项目，学习了头部咨询模式的演练和实战，可以因地制宜地运用实操能力陪伴企业家伙伴成长。

PMO体系：我能熟练地开发公司管理的系统化工具，从定义、测试、分析、持续改进、检讨（DMAIC），完整实现了数据库的实时更新与记录，可为高层提供管理决策建议。

OD知识体系：我学习了GSU大学的组织发展硕士课程，并带领团队参加高管蜕变特训营，学习组织内部系列应用模型，让理论与实际趋于完美平衡。

设计人生教练：完成 ICF 体系的个人教练和团队教练的学习（2015—2020 年）后，继续学习斯坦福大学的专有课程设计人生，并结合积极心理学的底蕴，用设计思维创造无限可能，实现从传统职场的商业思维、工程思维到设计思维的创新。

通过 MBTI、贝尔宾以及思腾的 TFT 认证后的实践与体验，我在企业咨询过程中拥有了大量辅助工具。如同那句名言"没有完美的个人，只有完美的团队"，在带领团队的过程中，我用 MBTI 了解自己的性格类型，并更多关注伙伴的类型，通过在团队中的角色扮演，更快地提高组织能力。

角色定位篇

从 2019 年在懵懂中读《成事》，到今年听《〈资治通鉴〉——管理视角》、读《金线》，我的脑海中产生了一个公式：信任＝（专业度×可靠度×亲密度）/自我取向（即：自私度）。这也是头部咨询公司的信条或者说推崇的理论。

"信任太难，是因难能，所以可贵"。（冯唐）对于职场老兵来说，专业、可靠都很容易理解并践行，但"亲密"就有点难度，起码对我自己而言是这样的。我的认知是要成事，必须底层逻辑、三观一致，双方必须透明地、真诚地共事。

关于自我取向，我来举个例子吧。我和同事年底复盘的时候,经常说我为啥很多时候差一口气,是因为太要面子,有意无意间总先想着面子,甚至为了面子还有点小自私。有一天,我突然觉悟,面子算什么呢,你不在意,会有谁在意呢?所以,以别人和团队的利益为重,分母(自我取向)就会变小,这样,根据公式信任自然就大了。

在过往的学习实践基础之上,我开启了设计人生课程的学习,其中最受益的两个词是创新、重构。我在"奥德赛计划"里遨游,通过"锚定问题"重构了好多年无法释怀的恐惧与担忧,坚定了人生不设限,为自己找到了"向逸三角色"。

向逸:向往超逸,超脱而不俗。

三角色:组织脉动评估者、人力变革推动者、领导团队凝聚者。

组织脉动评估者:我具有30多年的职场经历,曾任职国企、外企及上市民企的核心管理层,深悉企业运作之道,可提供信息数据,辅助组织做出决策。

人力变革推动者:我擅长组织变革的人力资源管理,擅长运用工作坊以及战略私董会等方式,分析问题,探讨人力解决方案以及调整执行。

领导团队凝聚者:我具有丰富的高管团队股权激励、组织管理优化、提升员工源动力、国际并购海外团队文化整合经验,可助力企业管理团队蓬勃成长。

未来,我将致力于中小企业成长发展,为中小企业提供组织能力规划及建设、高管团队内核澄清及教练等陪跑服务,提升中小企业的组织效力与效率。

期待不久的将来,与你结缘、共舞。

金 璞

一封给对设计人生感兴趣的你的邀请信

亲爱的读者朋友：

见信佳！

我是一位设计人生教练，也是一位确定在未来将深耕人才发展领域的原培训从业者。很开心通过这样的方式和你相遇。我想和你说说，2022年在我身上所发生的故事和改变，以及设计人生可能会给你的一些奇妙体验。

与设计人生的缘起

我还记得那是2022年2月，趁着还没有那么忙，我陆续约了不少久违的好友见面。我约了自己很敬重的凤平姐,一位资深的版权讲师。我和凤平姐相聚,聊的内容大多偏向个人学习和成长。近年来,我给自己定的目标是每年要学习一样新东西。这次见面,我自然而然地和凤平姐聊起最近有什么好课程,问她寻求新年度的学习建议。凤平姐聊到她刚学习完一个好课程——来自斯坦福大学的设计人生教练认证课程。

说起来,我在 2017 年的时候就完成了设计思维的引导师认证,开设过体验式工作坊,也进行了引导产品研发或专项议题的探索,基本的经验更多是基于"事"的层面。我之前也拜读过畅销书《斯坦福大学人生设计课》,当时觉得将设计思维应用在"人生"之上还真是很新颖的角度,但没有深究内容和应用场景。凤平姐的话马上就抓住了我的注意力。原来设计人生教练认证课程刚刚引入国内,凤平姐是第一批体验者之一,她学完课程后就开始用设计人生帮助周围的人。那么设计人生是如何发挥价值的呢?面对我的好奇,凤平姐直接以我当时的个人职场困惑为例,当场为我赋能。我就这样不知不觉地体验了"人生罗盘",还被留了回家作业——"奥德赛计划"。

告别凤平姐之后,我马上查阅了设计人生,刚好正值第二期课程报名阶段,就毫不犹豫地报名了,也开始频繁接触到"DYL",后来才了解到这是"Design Your Life"的缩写。如此一来,这 3 个字母几乎成为我在 2022 年的一大主题。

在疫情中的学习体会

2022年上海疫情严重期间，所有上海人的工作和生活都发生了巨大的变化，随之而来的便是心理上和精神上的不安和恐慌。

对我来说，课程的学习多少缓解了紧张的情绪。线上的课程包括《斯坦福大学人生设计课》的作者比尔和戴夫的视频教学，还有中国设计人生创始人王成老师的讲解。学习设计人生的小组定期线上聚会，对课程内容进行探讨，也会相互关心疫情期间的近况。设计人生课程的学习让我更深入地体会到：不管是否有疫情，这个世界一直变化很快，越来越多的问题是以前没有遇到过的，没有所谓的标准答案或者先例。我们不能一直保持着在手术室等待的心态，等待一切变好或者等待一切恢复原样——这已经是不可能了。设计人生帮助我们面对当下，梳理自己的想法，让我们找到人生的方向，并行动起来。特别重要的是，设计人生可以帮助我们回答"人生灵魂提问"。

我一直觉得是有平行宇宙存在的，因此特别容易理解设计人生中提到的"每个人的人生都是有不同的版本的"。我们的人生不用执着于唯一解或者最优解，因为人生是可以有无数个版本和可能性的。

学完课程之后，每周四都会有云茶馆聚会，来自社群伙伴的持续输出和教练案例的分享,让我一直沉浸其中。

因为充实的学习生活,我慢慢积蓄着内心的能量,能更从容地面对当下和将来的工作和生活。

打破自己的执念

作为多年从事培训工作的我来说,总是会习惯于关注应用技术层面的问题,具体表现在总是想要得到类似"面对什么问题或者应对什么样的场景,可以马上对应使用什么工具"的解决方案。直到一次线下课的时候,在听到王成老师的答疑时,我突然意识到自己其实并没有从原有的思维模式的局限中走出来,还是无意识地被自己的执念所裹挟。

现在世界上最为盛行的思维模式有 4 种,分别是工程思维、商业思维、科研思维和设计思维。

工程思维可以类比建造一座桥梁的工程。目标是确定的,地点是确定的,环境情况也是确定的,要解决的是桥梁的设计和建造方案,必须将这座桥建成。我个人觉得项目管理思维也是工程思维的体现之一。

商业思维就是追求如何用更少的成本来创造更多的利润。这也是商人们总是无限追求或热衷的。

科研思维离不开大量的实验,它需要控制各种变量,得到更多的数据，进行更多的结果分析，以验证或推翻最初的假设。

设计思维则是面对全新的各种问题，没有所谓的过去经验（有也可能是无效的），也没有所谓的标准或边界。

前3种思维在某种程度上说，是"确定性"的，而设计思维是无限的"可能性"的。我学习设计人生后执着于所谓的解决公式，其实本质上是在要求"确定性"；在面对可以有无数个版本的人生的这一理念的前提下，自己还是会下意识地强调标准的答案。意识到这一点的时候，真有醍醐灌顶的感觉。应用设计人生时，思维模式一定优于各种方法和工具！我决定：后续在教练的过程中，要充分尊重客户的意愿和困惑，而不是想着怎么用套路解开人生难题，更多是一起去探索行动方案。

设计人生在人才发展领域的应用

通过学习之后，我决定在接下来的一段时间里探索自己的人生版本——助力更多个体的自我成长。这也是我在2022年又系统地学习并考取了目前国内只有192人通过的国际APTD（Associate Professional In Talent Development）人才发展师认证的原因。

同时，我非常感谢DYL社群。我在2022年8月开始参与一次在公益机构中应用设计人生教练的项目。通过3个月的陪伴，我也是第一次亲身体验到了长期教练的力量。长期的项目有助于快速建立信任感和形成深度的同理心。有了良好的教练基础，又有着相对充分的时间周期，通过对于生成式的问题的共同探索，我们经历了同理过去—同理现在—同理未来—原型设计的过程，每一次教练都会有行动计划，每一次正式教练之前都会回顾上一次行动计划的反馈。随着教练的探索，客户在第三次沟通的过程中，解开了困惑，不再觉得目标遥远只能停滞不前，而是认为可以持续地、努力地行动起来。客户在最后的教练反馈中表示，教练的过程很舒适和顺畅，在结束教练之后，还可以运用相关的工具，重新评估自己的状态，并且推行新的行动计划。

这次教练的过程并不是为客户找到困惑的解决方案，更多的还是发掘和激发客户自身的潜能，与客户一起做出行动计划。教练沟通过程中形成的行动计划不一定会成功，但都是可以进行尝试的原型。对于自我的探索是没有尽头的，最为关键的是找到持续尝试的动力。这个启示也是个体自我成长的关键。

有一个非常基础和必须关注的培训理论叫"KSA 模型"，即 Knowledge（知识）、Skill（技能）、Attitude（态度）。绝大多数培训师都知道，其中 A 是最难的。因为 K 可以通过培训获得，S 可以通过遵循步骤和反复练习获得，而 A 需要影响培训者的内在情感、行为意识和动机。用冰山模型来理解，K 和 S 在水面之上，而 A 是在水面之下的，想要影响和改变它是不容易的。这也是现在越来越多的追求业务结果的赋能项目和人才培养计划，在设计上越来越复杂，时间周期也越来越长的一大原因。但是，即使如此，也不一定会取得实质性的或者是想要的结果。

我们总是觉得各种赋能是为了弥补"能力的鸿沟",但是在此之前,还有一个更为重要的东西似乎被选择性地忽略了,那就是——"动机的鸿沟"。组织不断对员工提出更高的要求,要一专多兼,要有全局意识,要更上一层楼,于是花大代价来培养员工;但是对于员工来说,更多是被动的改变,为了参与培训而培训。这些培训和员工的规划有差距,员工们更担忧个人未来价值的体现。这就是培训相关从业者、HR和高层们共同面对的困境。

对于这个困境,设计人生是可以发挥作用的。我在长期教练实践的过程中就经常利用设计人生,我也从社群分享中了解到设计人生在青少年群体、企业高管、教育工作者中都有过非常成功的案例。我非常有信心在未来的人才发展领域中更多地践行它!

2022年不容易,但是我的2022年很特别。从年初与好友聊天了解设计人生,到第二季度系统地学习设计人生、打破个人思维局限,到第三季度至第四季度实践设计人生,再到年底学习、总结、复盘并确立未来的阶段性发展方向,设计人生贯穿了我的2022年。设计人生还会是我未来人生的开始。

这一切源于我和凤平姐的那场非常棒的教练体验。如果你也想找个朋友聊聊未来的可能性,或者希望有一次设计人生的教练体验,我非常乐意并感恩可以与你认识。

金璞
2023年元旦

潘 玫

因为努力而幸运,追求专业而职业

回顾职业生涯,如果用高、低两个维度进行排列组合,常能听到的是"高开高走""低开高走",因为结果都是"高走",有分享的价值,也很符合听众的心理:要么听一个成功人士的故事,要么听一个励志的人生故事。这样的故事也能带给大家更多的期待和希望。

第一种,"高开高走"的是那些名校毕业、在世界500强任职,顺利成为企业家的人,比如唐俊、张小龙、吴军、杨元庆等;第二种,"低开高走"的是草根出身、借力于时势和努力,最终取得他人眼中成功的人,比如陶华碧、俞敏洪,甚至还有任正非、刘强东。

我没有成功人士的精彩，只是一个普普通通的职场打工人，如果也要套用上述公式的话，我给自己的总结是"低开顺走"。

2023年，我这个非科班专业出身、从国企小文书做起，参加工作35年，从事人力资源管理27周年的普通人，年底即将光荣退休。

我大学就读的是名不见经传的师范院校，我的第一份工作是专业不对口的，在一家国有施工企业的办公室做文书。

回顾30多年职业生涯，令我感到十分欣慰也值得骄傲的是，努力和付出让我的职业发展变得幸运；不断探索、不断实践、不断学习，永远保持空杯心态、保持好奇心、保持生成性的思考和创新，成就了我在人力资源领域的专业能力和经验，使我成为一名横跨民企、外企、国企的职业经理人，一名实战型的人力资源专家。

我大学毕业时，工作不包分配，我借助父亲的影响，担任文书，负责打印、盖章、登记、收发等今天看来毫无价值可言的工作。那份工作让我离成为一名像外婆和母亲一样的人民教师的理想越来越远。

后来，我又经历了去北京自费学英语、到亲戚的合资公司打工。很感谢父母的宽容，包容了我的任性，让我去体会人生和职业的曲折与低谷，也让我在那些看似不相关的经历中，积累了技能，掌握了应变的能力，形成了独立、探寻、把握机会、参与竞争的职场素养。

我职业生涯的第一个转折和高点是1993年，中国长江三峡开发公司挂牌成立不久，第一次通过报纸进行公开招聘。我意识到这是一个机会，我马上报名，毫无准备地应聘和面试，竟然一路顺畅，直接拿到了这份工作。

后来才知道，我在合资企业工作过，会用电脑、复印机、传真机、扫描仪、录音笔，会五笔打字，还参加了几个月英文强训班是我过关斩将顺利入职的原因。

这是一家真正的央企，我服务和支持过全国50多位水利专家，组织会务、做好后勤，给他们提供文秘支持。这份工作，我做了4年，老前辈们让我明白什么是职业使命，什么是责任担当，什么是忘我工作，什么是专业坚守，怎么做到问心无愧。这些都成为我受用一生的职业习惯，也是我后来的职场成就的基石。

1996年，我到深圳，被一家深圳知名民企的总经理亲自选中，成为他的助理。从内地到深圳，从央企进入完全市场化的环境，毕业8年后的我，从此真正开启自主选择、创造无限可能的职业生涯。

仅做了一年的总经理助理，我被空降到人力资源部任经理，一个人力资源"小白"，从此走上了不断学习、不断实践、不断收获业绩和成果之路。我的人力资源职业从这里起步，我高举高打，用正确的方式打开职业生涯的大门。

此后 10 年间，我陪伴企业上市、亲自操刀公司的首单并购整合，首次面对员工的围攻，首次出庭应诉，第一个人力资源咨询项目即与全球知名的美世咨询合作，第一次用猎头就与当时最负盛名的万宝盛华和科税、伯乐合作，从知名的中美史克、西安杨森、美国强生、宝洁、联合利华、亨氏等挖猎聘请若干高管。

随着公司上市、并购、整合等一系列的战略发展，我与全球知名管理咨询公司进行合作，专业能力大大提升；我开创了多种不同形式的用工方式，处理过不同城市的劳资纠纷，招聘引进了多名世界 500 强外企的高管，向他们学习到最先进的管理理念和体系；引进过数十门版权课程并邀请知名讲师到公司进行各类管理内训。

我从管理公司人力资源到管理集团人力资源，从具体操作到顶层设计，从自我摸索到专业体系，个人能力飞速提升，2005 年获得了广东省人力协会评选的"珠三角 100 名最佳人力资源经理"称号。

我由于连续被评为杰出部门经理，公司送我去读工商管理 MBA，得到了国内知名人力资源教授赵曙明、陶一桃、国世平等亲自指导，并以优异的成绩毕业。

10 年民企上市公司人力资源部经理的工作结束，我加入了飞利浦手机全球业务，任全球人力资源高级总监。这对我而言是一个极具挑战的工作，最大的障碍不是专业，而是被用作工作语言的英语。和老外开会，去海外分公司出差，听他们说各类专业英语词汇，加大了前期工作的难度，也令我十分沮丧。

但是，这家世界 500 强企业的文化之强大，体系之健全，员工素质素养之高，给了我十足的吸引力和信心。在飞利浦的 8 年，我每天工作时间超过 10 个小时，常常是上午处理中国区各项事务，下午与东欧各分公司开电话会，晚上 9 点后处理上百封邮件。

飞利浦健全、强大、专业、严谨、周密的管理系统、信息系统、制度流程和文化，令我的专业视角上升到全球化的高度。我的同事来自新加坡、荷兰、德国、俄罗斯、土耳其、印度等数十个国家和地区，我们文化不同，信仰不同，但是在同一价值和流程体系下合作。国际化的组织架构和机构分布，让我接触到不同国家的劳动法规、税法、社保规定。我处理过土耳其的劳资纠纷，了解过印度、南美各国的雇佣规定，在新加坡为当地高管处理个税、社保……那些年，我的眼界和高度、解决问题的能力、专业与文化结合的能力，前所未有地提高了。

2008 年，公司股权刚刚转入大型央企集团公司，就因受全球金融风暴的影响转为亏损。我作为 HRD，第一次从公司的管理者变成了风口浪尖的人物——在三个月之内全球裁员近 40%，并且还要平稳、安全地完成裁员。那是我人生中最直逼人性的一项工作，按要求完成任务之后，我甚至觉得职业生涯要走到尽头了。

在飞利浦工作 8 年之后，我已成为一名实战型的 HR 专家，对于企业 HR 管理进入到炉火纯青的境界。全球人力资源管理工作的经验，也让我有自信去面对和接受任何类型企业的 HR 工作。

随着大股东聚焦主责主业、退出非主责行业，飞利浦手机股份二次转让，我来到目前工作的央企二级集团总部，负责人力资源。

人生真的有轮回，当年毕业进入一家国企，"炒掉"国企后走向市场，最后一段职业生涯，我又机缘巧合地回到了央企。经历过企业在市场大潮中的起起伏伏和各种不可抗力的挑战，在人生快要进入下半场的时候，有机会回到稳定的央企工作，是令很多人羡慕不已的事。身边很多 HR 好友都断定，以我的个性和风格，在央企待不了一年，就会待不下去或"死得"很惨。连我自己也没想到，这一待就是 8 年！合作的董事长、总经理，已经超过 5 任了，我还一直在人力资源部一把手的位置上。这些年的磨砺，有助于我的成熟，提高了我的抗压能力、学习能力和适应力。

进入央企后，必须放下过往所有，建立空杯心态，你会发现央企人力资源管理可以学习的地方真的很多。

国际经济环境突变和各种不确定事件频发，我觉得自己待在央企是幸运的，而这份幸运，正是过往不断努力、不断成长的结果。

一路走来，我从一个完全没有专业知识背景和人力资源经验的"小白"，成长为一名专业、职业、资深的 HR 专家，我觉得是幸运的。这份幸运，是不断在实践中修炼、不断浴火重生的结果。

人生下半场，我将保持宝贵的好奇心和激情，尝试各种新生事物，相信无限可能性。因为我知道，好奇心会令人有空杯心态，有空杯心态，你才会跟得上这个时代。

人生下半场，我学习了设计人生，我想把我的人生体验，我"低开顺走"的职场经历，分享给和我相似的人，我还想通过设计思维、设计人生的工具，让更多的人找到幸运的钥匙。

也许明年之后，我的称谓就不再是企业 HR 专家了，而是设计人生的知名教练，我将从帮助企业成功，转向帮助他人成长。

第四章
人生自我觉察

龚婕

从设计思维到构筑意义的网络

设计思维引发的困惑

设计思维是一种创新方法论,也是一套创新的流程。2020年起,我作为设计思维的铁杆粉丝,带领团队,在文旅项目策划和地产项目营销中遵循设计思维的底层逻辑和流程要求,亲身体验到原来创意可以被培养、被管理,甚至可以通过设计被激发。这看似反常识,但真实地发生在我的面前。

"以人为本"是设计思维最重要的理念。我们在具体实践中不断寻找客户的真正需求,从而找出真正的问题,但我又时常困惑，"以人为本"的"人"是否除了客户，还应该包括我们自己——执行设计思维流程的团队成员？

团队组建是整个流程的重要环节，成员的多元化和投入度都不容小觑。虽然经验丰富的引导师能确保成员多元化，但成员投入度的不稳定却无法通过工作坊本身解决。

2021年年底，我的设计思维的引路人郑懿老师告诉我，设计思维的衍生产品设计人生已经登陆中国，而且要培养第一批认证教练。没想到，这个消息竟是一把专为我解惑的钥匙，尽管当时的我并没有意识到。

设计人生定义为我解惑

2022年3月，经过大量的线上线下学习、研讨和实践，我取得了设计人生认证教练资格。于我而言，这是一个崭新的职场角色。我和另外几位伙伴应设计人生大中华区官方的授权机构DT.School的邀请，成为教练认证项目第二期的带组教练，一直做到2023年年初的第五期。2022年下半年我们还举办了多场设计人生陪伴营、企业团队教练或者工作坊。

我有一位做投资的朋友知道我突然做起了一个叫设计人生的东西，非常好奇，就让我用一句话说清楚设计人生，我知道这是她身为投资人的本能。但其实这个问题即使对创始人比尔而言，也不是一件容易的事情,他也在不断迭代设计人生的定义。他说:"我们的课程帮助你持续弄清楚想要什么、需要什么,以及现在应该做什么。"

这个定义囊括了设计人生最重要的几个理念,我很赞成,但我还想从另一个角度去定义它——"设计人生帮助我们构筑丰富多彩的意义网络"。这个认知来自于我一整年的学习和思考,来自于越来越强烈的实践感触。

当我有了这个定义的时候,我豁然开朗了。在以往的设计思维工作坊中,因为参与的每个人赋予它的意义不同,导致了投入度的差异,导致了过程和结果的不稳定。将参与者对工作的意义和工作坊本身的意义做深度的连接是提高团队成员投入度的一把金钥匙。设计思维是设计人生的底层逻辑,但设计思维同样需要设计人生的支撑。

于是,再举办企业或者组织的设计思维工作坊时,我们会运用不同的工具,把设计人生作为前置流程,结果大大提升了成功的概率。

我为何用这样一句话去定义设计人生呢?下面我分享三个案例来说明。

爱乐工健——构筑丰富的意义网络

设计人生有一套专用工具。每个工具有对应的工具表单,它自带权威性和逻辑性，当客户带着很多情绪的时候，一个工具的作业会让他渐渐平静下来，从而看到情绪背后被忽略的东西。

最常用也最易上手的工具就是"爱乐工健"。我曾经给一个失恋的女孩做过这张表单。与前男友分手后的女孩长久地沉浸在过去的回忆中，对做任何事情都失去了兴趣。当我引导她一步步梳理人生的四个维度——她的工作、她的娱乐、她的健康以及关系中的各种爱，那些被失恋的悲伤所掩盖的意义又慢慢浮现出来。最终，一丝笑容浮现在了她的嘴角，她说她找回了丢失的意义，并且要用一个微行动计划开始她新的生活。

意义单一或者缺乏意义经常困扰着当下的孩子甚至成年人。人是天生有意义感的动物，比如"好奇"就是我们与生俱来的，也是和世界建立意义关联的开始，可惜当下的应试教育和各种竞争，使我们不自觉地将本来丰富的意义触角都收了回去，而只剩下高分数、好学校、好工作、房子车子等单一的意义。"爱乐工健"帮助我们洞察自己的当下，重新找到平衡的模式，更重要的是帮助我们开始构筑属于自己的意义网络，网络比单一线条要结实很多，即使一根经线或纬线断了、磨损了，它仍然可以托起我们的人生。

奥德赛——构筑多彩的意义网络

"奥德赛"是另一个深受喜爱的工具：探寻未来种种可能性，

从而启发当下可以如何行动。Z是我带的一位学员,毕业于名校,年纪轻轻就是外企中层,但她烦恼于新任外籍上司不认可她,彼此沟通又不顺畅。做"奥德赛计划"的时候,她很投入,用五颜六色的简笔图设计她未来的各种可能性。她坦承正是那个工作中的困扰,让她来学习设计人生,但当她在"奥德赛计划"中看到,她在未来的工作、生活中有那么多想要做的事情的时候,她突然感觉舒展了。那个卡点虽然还在,但不重要了。

我太喜欢"舒展"这个词了,它让我联想到萦绕在心头的那个意义网络。对于Z而言,"奥德赛计划"产生的那么多可能性让这张网又多了一些彩色的线。生命中的困扰和卡点总是此起彼伏,我们不可能解决完所有的问题,但当我们意义的网络足够"舒展"和宽阔,那些问题便不会再困扰我们,这也是我们构筑丰富多彩的人生意义网络的另一个价值吧!

团队教练对意义网络的丰富

为企业或者组织做设计人生团队教练非常具有挑战性,因为参与的学员是用户而不是付钱的客户,来之前他们以为这不过是公司给他们安排的又一场"洗脑"。很多时候,学员刚开始的投入度并不高,或者表情木然,或者窃窃私语,我的设计人生团队的伙伴继媛形容这个刚开始的场域有点像"一群冻僵的鱼"。一次，我们在"工作观"的教练中，引导每个人思考和分享工作对他意味着什么。几位"90后""00后"的学员依次分享说，工作是获取收入的手段、工作是他和社会连接的方式、工作是他可以获得认同感的方式。大家突然发现身边的同事对一个常识性的问题居然有着不同的理解，于是开始积极主动地参与进来。有一位比他们稍年长的部门领导分享说，工作对他而言，是为了让爱他的人放心，他爱的人开心。我看到几张年轻的脸庞露出诧异和沉思的表情。最后公司最年轻的团队负责人则淡淡地说，他喜欢工作，工作对他而言就是"带薪学习"。学员们热烈地讨论起来，我仿佛看到刚才那群冻僵的鱼在慢慢游动，甚至灵动起来。在最后的分享环节，一个年轻的学员说的话，我至今印象深刻。他说，他一直不太喜欢目前的工作，觉得它重复而且没有上升的空间，今天自己突然意识到，困住他的不是他以为的工作，而是他对工作的定义。我依然记得他说这番话的时候，眼里闪着光。他还列出了一系列行动计划，把当下带着情绪的新认知迅速转化成马上可以开启的行动。我相信这场教练活动中最启发和触动他的是其他伙伴关于工作意义的分享，这正是设计人生教练的重要精髓。一场成功的设计人生教练活动是在有引导经验的教练带领下，在轻松和信任的场域中，每个生命彼此互为教练的团队活动，它的效用超越一对一教练。正如这场教练活动，他人的意义唤起了彼此的思考，意义的网络也因此更加丰富。

结语

设计人生并不会为学员或者客户创造意义或者动机,因为对意义感的追求是我们的本能。它就像房间里的那头大象,我们可以视而不见,但它就在那里,等待某天我们突然意识到它的存在以及它的重要性。

2022 年,设计人生大中华区的王成老师在我们教练群中转发了一篇文章,文章讲述了一个突然罹患晚期癌症的妈妈和她不到 3 岁的女儿的故事。生命已经进入倒计时了,这个妈妈还能做什么呢?最后她在剩下的时间里精心为女儿准备了从 3 岁到 18 岁的生日礼物。面对死亡的恐惧,她重新定义了生命的意义。

这个感人的故事在我们设计人生教练群里引发了不少思考和讨论:人可以主动定义自己生命的意义,那个终极意义会以什么样的方式、在什么时候编入我们的意义网络呢?

写下前面这些文字,我又忍不住再次致敬远在硅谷的那两位智者——设计人生的创始人比尔和戴夫,他俩于一次午餐会间的奇思妙想改变了、正在改变、未来还将改变很多人的生命。而且我和几位热爱中国传统文化的伙伴不约而同地发现设计人生和东方文化遥相呼应。

我要感恩郑懿老师,她引领我成为设计思维的引导师和设计人生教练；我要感恩我的设计人生团队的战友们，你们让我发现了人生下半场最有意义的事情；感谢每一场教练活动的伙伴们，你们的人生经验和对设计人生的体悟同样滋养和照耀了我；特别要感谢王成老师，感谢你的慧眼识珠，把这么好的课程和理念持续地引入中国，我也许无法预测它最终的影响力，但至少我的生命已经因此而发生改变。

最后特别感谢海峰老师，如果不是他坚持不懈地催促和鼓励，我已经打算以"羊"的名义逃避这次"作业"。终于逃无可逃，我打开电脑，发现对过去整整一年的梳理和检讨，又生成了一些新的东西，它们成为我再次出发的动力。其中最大的收获是遇到这样一群人，我们彼此支持、相互启发，我们热爱设计人生、设计思维，更愿意传播它、实践它，让每个生命更鲜活、更丰盛，拥有更多的可能性。

李玉惠

设计人生超级 IP

血脉相连的牵引

叶落归根是海峡对岸国民党老兵一生的心愿。父亲退休后,带着母亲、幺弟、此时刚上初一一个月的我,从台湾回到西南地区的"小江南"——湄潭。湄潭这个地方就这样进入我的人生。

我在这里度过了中学时代。我也从本地方言一句话都听不懂到能流利地用方言和别人交流。初入学校时,站在讲台上上课的数学老师,点名听不懂打瞌睡的我,同学用笔戳我的肩膀,一下子惊醒后的我,转头大声问坐在旁边来自福建会说普通话的同学:"老师在说什么?"惹得其他同学哈哈大笑。

这个笑话陪伴了我一生。

当时,家里人怕我不认识路,安排同校比我年长的侄儿,陪伴我一起上下学。还记得第一次放学时,恰逢赶集,道路两旁安坐在自己种植的农产品和养殖的禽畜后的村里人,还有来来往往肩背背篼、鞋上沾着泥土的赶集的人,吓得我抓紧走在前方带路的侄儿的衣角,紧随着他的脚步穿过道路。这是我第一次体验到赶集这个风俗。当年的我更想不到,以后我也会成为赶集的人中的一员,每逢赶集日,也背上竹编背篼去采买老乡自种自销的农产品和养殖的禽畜。

在湄潭,我送别父亲往生,遵循他一辈子的心愿,将他安葬在湄潭。在湄潭,我结识了一群能将背交给他们的闺蜜与发小们。

血脉相连的牵引,开启了我不一般的人生。

觉察自我的选择

20世纪末,刚上大一的我,在送别父亲往生后,面临人生第一个重大选择。是与母亲和幼弟一同去台湾兄长身边生活?还是孤身一人边打工边读书?我最终决定留下来,自此开始半工半读的大学生活。只是没想到这个选择,让我就这样在大陆深耕

30年。

从大学毕业后,我入职总部在广州的连锁超市好又多。好又多当时属于台企,我因此获得了不同于其他同事的管培方式,由每个科室的主管亲自培训。培训后,我直接就任400电话客服中心主任一职。后来,我调到企划部负责广告媒体接洽。

我一直抱着一定读完硕士研究生的梦想,故而在工作一年后,又恰巧面临公司人员波动,便辞职备战硕士研究生入学考试。那时的招生政策,允许台籍学生同时参加暨南大学、华侨大学独立招生以及全国联考,暨大考过了,全国联考没有通过。我拿着暨大硕士研究生录取通知书,问自己:这就够了吗?我有些不甘心,想要进入更好一些的高校就读。

于是我选择继续备考。

一年之后,我收到了另一所"985大学"的录取通知书。可是在考试后到录取通知书发放的那段时间内,我开始求职,在通过口试和面试后,获得了一家在东莞的台企的录用通知书。

左手"985大学"的硕士研究生录取通知书,右手年薪10万元的录用通知书,我再一次面临人生重大选择。而最终我选择追求梦想,进入大学就读,放弃在当时同龄人中算是高薪的工作。

这几次选择,来源于对梦想的执着,也为我人生的下一次转折奠定了基础。

回归初心的决定

在硕士研究生毕业后,我与男友决定一同考博,因此一边在淘宝做港澳台代购,一边做自学考试教师并准备博士研究生入学考试。

中间虽有些波折,我仍幸运地考入一所"985大学",就读管理学博士。

"一入毛门,就能拥有学术导师和人生导师两位导师",读博期间,我受到了博导在学术领域的指导、在人情往来的引导,在生活中受到师母的关心。在博导远离政策理解和预判、远离产业需求及变化是不能出真知的研究理念引领下,我一边与博导一同进出企业调研和参与企业咨询服务课题,一边在管理学知识的海洋里深度学习。

我本以为能够很快地毕业,进入社会工作,结果没想到中途生了一场病,中断了学习过程,最后辗转延期几年才毕业。

这一次人生经历,让我收获了实践出真知的感悟,将以德立身、以德守学作为人生的行为标准。

影响他人的设计

在贵州的发小们知晓我的状态后,把我接回了贵州,为我安排了一间柴米油盐酱醋茶、锅碗瓢盆铲勺盅齐全的小屋。

在休息的过程中,我一边从事着互联网企业战略咨询独立顾问的工作,一边向姚琼老师学习OKR,成为OKR引导师。此外,我向勾俊伟老师学习新媒体营销,成为新媒体讲师,掌握了最新的营销方法论及工具。

原打算就此开启自媒体的职业之路,没想到在一次校友聚会上,师兄推荐我去台湾HTC董事长夫妇投资建立的公益高职院校——贵州盛华职业学院看看。我与几位前辈师兄一起探访这一所公益学校。就读该校的学生高考成绩平均分150分,且大多数为贫困生。学校提供助学金,最高可抵免全额学费,此外还提供勤工助学岗位。学校还设有VR学院、非遗文化学院和茶学院等。我决定加入它,从商业领域跨界到公益教育领域。

一开始,我在贵州盛华职业学院担任互联网营销学院副院长,在组织教师教学、教材改革工作之余,还承担经济管理学基础专业课教学工作。其间,我以项目化推动三教改革;以案例式、场景式、游戏化、生活化等教学手段,尝试推动青年教师教学改革的执行力,激发学生的学习积极性,达到知行合一。

入职第二年后,我调到教师发展与研究中心,负责教师职业生涯规划和科研孵化,在北航外语学院原院长郭老手下做事。郭老指引我在专业层面上由管理学跨界到教育学、心理学,转变在科研领域里的角色。在实践层面上,郭老指导我从政府相关政策剖析，以理论支撑为先导，探索实施计划，并在教师职业生涯辅导与教师科研孵化行动中实践。

由于没有经历过系统化的教育学科和职业生涯学科的学习，一开始总用商业术语表达工作内容，总被郭老敲脑袋。随后我在郭老的指点下，自费报名参加教育领域培训以获取优质信息，最终成功地掌握了教育学规律和基础方法论，并协助学生与青年教师持续成长。

我在参加创新创业培训时，认识了设计人生认证导师张静老师，获知设计人生首期认证高校版课程的招生信息。张静老师的专业度让我信服，设计人生又与职业生涯学科相关，带着对世界顶级大学教育的好奇与期待，我毫不犹豫地报名了。

设计人生与你我

在设计人生首期高校版课程的学习过程中，我收获了设计思维与一系列工具，取得了设计人生高校版证书，并获知设计人生首期认证教练培训课程招生的信息。我很好奇，加上学习完此前的课程后，感觉意犹未尽，于是立马报名参加认证教练课程。

通过一年的实践经验和社区活动中的持续学习与分享，我不仅仅习得了设计人生的课程内容与工具表单，更是获得了创新、创意的根理论和工具。设计人生的工具表单并不是一次性工具，你在面对人生转折点或困惑时，甚至在进行产品模型设计时都能够使用它。

与过往学习过的培训课程不一样的是，设计人生认证教练课程不是课程培训完就结束了，而是通过社群活动、个人实践、课程内容迭代让学员不断精进。

教练们在每周云茶馆中无偿地分享自己的知识、实践方法和个人资源等，大家携手向前、共进共赢。王成老师在引进此认证课程后不断迭代，让课程内容能够更适应本地用户的知识结构和学习习惯，让学习者在习得后更快地实践。学习了设计人生认证教练培训课程后，我能够通过设计思维改变认知和行为习惯，将设计思维融入自身知识架构，并探索新领域。最重要的是，持续在一个正能量满满的圈子里分享、交流与共创，我的正向教育素质、执行力和迁移思维的速度提高了，获得了向上增长的力量。

"认知改变思维，思维改变行动，行为改造大脑。"作为设计人生首期认证教练的我，期待与你相遇，一同探索设计人生，一同运用新媒体营销打造知识IP。

孙亚楠

人生由我，幸福由心

2022 年，不确定性从商业世界蔓延到人们的生活里，世界局部冲突紧张，各行各业如临大敌。正如罗振宇老师在 2022 年跨年演讲中所说："大年也好，小年也罢，都是今年。今年过去再也不重来。无论多糟糕的一年，也是自己生命中特别的一年。"于我而言，这一年是刻入骨髓的习惯和新习得的启发共同支持我走过的特别的一年。

人生由我，绝望时给期望画一幅画

初中三年级的时候，我的胃肠型过敏性紫癜再次复发。父母带我奔走于各大医院后,最终定下的治疗方案是大剂量注射激素。激素治疗需要配合自身激素分泌的波动周期定时注射,每天清晨 4 点钟,体内激素分泌降低,注射的激素也分解殆尽,整个身体处在激素的低谷期,却没到可以注射的时候。那个时候我与其说是"坐立难安",不如说"生不如死",坐起来觉得累,躺下觉得烦,平躺时思绪翻飞,左侧卧觉得压到了心脏,右侧卧觉得压到了气管,总之不管怎样就是焦躁烦闷。艰难地挨了两个小时,6 点钟终于可以接受注射,我烦闷的心情得到好转。接下来就是长达一上午的点滴注射。唯一值得庆幸的是,我的父母都是医护工作人员,从我生病后,我家主卧就改成了病房,我不用在医院的小床上辗转反侧,可以在自己的床上肆意翻滚。

这不是第一次了,早在小学五年级的时候,在最后一个学期的奥赛集训时,我就第一次得了胃肠型过敏性紫癜。当双腿第一次出现对称式出血点时,终于证明了我既不是装病不想上课,也不是得了急性阑尾炎,而是得了紫癜。好在小学五年级课业轻松,我好像无忧无虑就度过了两个月的发病期,很顺利地升入了初中。

又是一个焦躁的清晨 4 点,作为一个 14 岁的孩子,我觉得自己过于不幸,我暴躁地喊醒既要早起给我打针,又要上班,晚上还要回来照顾我的妈妈,不停地问:"为什么是我?为什么又是我?"妈妈没有回答这问题,而是问我:"如果病好了,你想做什么?"我愣了一下。发愣,是因为妈妈居然顾左右而言他,也是因为我确实没有想过这样反复的日子结束后,我想做什么。经过第一次的治疗,我已经知道正常治疗下,两个月后我还是那个活蹦乱跳的我。妈妈又继续问:"你想出去玩儿吗?想和谁出去玩儿?""学习呢?"在妈妈循循善诱下,我的脑海里逐渐有个图景:虽然我在家自学,但是考了年级前十名,我在国旗下讲话,又接受了校电视台的采访。我和我的同学周末去市里的公园玩儿。想象着这些画面,好像暴躁情绪也被压制了下去。

和朋友出去玩儿很容易就可以实现,那剩下的就是如何考入年级前十名。想明白了以后,我就不把自己当作一个病号,我不再是哼哼唧唧熬过清晨黑暗两个小时的病人,而是一个两个月后要站在学校主席台上,面向全校师生接受表扬的自强不息的好学生。于是,每天黑暗的两个小时我靠背古诗度过,上午打针的时候做数学题,下午背单词,做阅读。在家自学还省去了上学放学路上和小伙伴们聊天玩耍的时间,感觉自己赚大了。功夫不负有心人,生病后第一次月考,我就考了年级前十名,上台领奖,期中考试考了年级第四名,这是我初中时代的最好成绩。可惜校电视台没有人运作了,没有小记者来采访我。

2022年3月,在上海,我用一样的思维思考,如果封控结束了,我想做什么?解封了,我的微信朋友圈应该发些什么?我想要的绩效是要达成的;省下来的时间我要学习一个认证课程,可以给团队和公司赋能；还要更多帮助邻里，展现自己有爱的一面。有这样一个图景，我在封控期间，内心富足而安定，丝毫不见焦虑。

我命由我不由天，再遇到困难的时候，不妨也这么做，问问自己：这糟糕的日子结束以后，想做什么？构想一个具体的有画面感的未来。那么现在需要做些什么？一个具体可执行的计划。

幸福由心，做好自己的课题

2022年，我的另一个成长是我这个职场"火药桶"熄火了，熄火了不是说自己不干了，相反，我2022年的业绩和团队协作能力都有了很大的进步。原来的我，总有些自命不凡，对于团队里一些小伙伴的做法看不惯，容易对他们发脾气，2022年两个系统化学习让我改变了对团队的看法。

第一个是我封控期间想要学习的一门认证课程，这门课程就是关于贝尔宾团队角色理论的。这个理论是由剑桥产业培训研究部原主任贝尔宾博士和他的同事们经过多年研究与实践发现的，用一句话来解释：高效的团队是多元平衡的。团队内一定会有不同风格的成员，他们在团队中发挥不同的功能。他们把团队成员分成了9个角色：鞭策者、执行者、完成者（行动型）、协调者、凝聚者、外交家（社交型），智多星、专业师、审议员（思考型)。每个角色都有自己的优点,同时也有可允许的缺点。比如外交家这个角色,他热情,擅长建立广泛的人际关系,能不断探索新机会,但是外交家可能被认为没有常性。再比如执行者这个团队角色,他兢兢业业,遵守纪律,可以很好地把想法转化成行动,但是他不喜欢变化,缺乏灵活性,面对新思想和新方法时容易反应迟钝等。我因而知道了团队里有不一样的角色,正如一枚硬币有正反面,每个角色也是有优缺点并存的。有了这样的认知以后,我更能客观地看待和团队同事的关系,更能理解他们一些行为背后的原因。没有完美的个人,但是有完美的团队。

如果说贝尔宾团队角色是在"术"的层面上打开了我对于人际关系的看法,那么我第二个学习的"课题分离"则是在"道"的层面上改变了我对人际关系的态度。

第一次听说"课题分离"这个概念是读《被讨厌的勇气》时。书中提到一切人际关系的矛盾都起因于对别人的课题妄加干涉,或者自己的课题被别人妄加干涉,所以需要"课题分离"。课题分离也很简单:思考某种选择所带来的结果最终由谁来承担?比如工作上遇到一个容易发脾气的领导,无论你怎么努力,他都不给予认可,甚至不好好听你说话。从课题分离的角度来看,无论上次怎么蛮不讲理发脾气都是他的课题,不是你的课题,你不需要去讨好,也不需要委曲求全,只需要做好自己。同理,工作中遇到不配合工作的同事,也是要分清这项工作不处理,最后的后果谁来承担?这也是华为管理思想中的"谁痛谁动",如果需要你来承担,那这个课题就是你的,你要么想办法让同事配合,要么自己干,要么换个配合的同事完成这项工作。如果自己的课题被干涉了,应该更勇敢地指出,这是我的事情,我可以解决。在团队管理的过程中不应该受到"回报思想"的羁绊,不应该认为"因为我为你做了这些,所以你就应该给予相应回报",你要做的就是处理好自己的课题,不寻求回报,也不受其束缚。

正是这些理念的转变,让我更轻松地处理复杂的职场关系。

幸福由心不由境,你想成为什么样的人,取决于你如何看待这个世界。

诚如知名的商业顾问刘润在给自己公司员工写的公开信:"带着所有我们可以理解,或者难以理解,或者实在不想去理解的不确定性,2022(年),过去了。"

过去的 2022 年,就像在马拉松比赛中,偶遇一个暴雨后的湿润地段,很多人摔倒在"地滑请注意"的牌子旁,这时我们不应该像小孩子一样哭泣,我们应该爬起来,检查装备有没有受损,队友有没有受伤。2023 年,我要不断修炼自己的内功,提炼自己的"原则",保持前行。

张 迪

人生的问题在哪里?

你是否经历过这样一段时期:

做事提不起兴趣;担心自己的未来;朝九晚五地忙碌,却越来越不喜欢现在的工作;体会不到生活的幸福感;不知道做这些事的意义何在。

最大的悲哀,是迷茫地走在路上,看不到前面的希望;最坏的习惯,是苟安于当下生活,不知道明天的方向。

源自斯坦福大学最受欢迎的人生设计选修课受到了学生们的热烈追捧,这门课解决了一个困扰很多人的难题:到底怎么找到自己的人生方向?

斯坦福大学主讲这门课的两位老师，比尔和戴夫原来是硅谷的创意设计精英，苹果电脑的一些零部件就是他们设计的。他们由于卓越的设计天赋，被聘请到斯坦福大学任教之后，发现这里的学生普遍面临人生设计问题的误区，即很多学生把人生问题当成工程问题。工程问题目标很明确，只要信息足够丰富，试验次数足够多，基本都能找到最好的解决方案，但人生的设计问题跟其他设计问题类似，一般没有最正确的解决方案，就像设计汽车的外观、设计别墅的风格。寻找人生方向毫无疑问就是个设计问题，不会给人们重复实验的机会，只有在实践之后才能看到最终的结果，这也是人们感到人生迷茫最主要的原因。想要打破迷茫，就必须认识到这是一个设计问题。

当我们像设计师一样思考时，会变得灵活、敏捷，并随时准备适应变化，甚至可以发现自己的激情所在，设计出一种根本不存在的工作或者生活，然后根据设计，把生活变成想象中的样子。

回忆

你还记得5年前的自己吗？

登录很久没有用过的社交软件，页面跳出了几年前我上传的照片，那是我在美国沃顿商学院向客户高管做商业咨询项目汇报时拍摄的。到今天我还清晰地记得曾经和团队伙伴们一起奋斗的日夜。克服时差的跨洋会议讨论，无数个商业报告的分析，国情政策解读，权威专家访谈，数据建模，不断精进的报告呈现……

收获最大的不是能够最终站在那里，而是在过程中结识比自己更加优秀的团队伙伴。他们来自美国的谷歌、亚马逊、特斯拉等。没错，硅谷巨头们几乎聚齐了，大家的思维模式、迅速的反馈与调整、明确的目标与高效的分工协作，颠覆了我以往的认知。

一个人快速成长的秘诀就是不断向更加优秀的人学习，站在更大的舞台上去挑战自己。

庆幸这些年过去了，即使多了一重母亲的身份，我仍然不停打磨和精进自己，有些目标已经完成，有些不足仍旧在努力完善。我享受生命的每个当下，真诚待人，全心付出；也致力成为长期主义者，成为更有价值的人，把成长当作人生修行。

公益

我作为企业教练、导师，为大学生、青年族群做公益职业生涯发展陪伴与指导已经有12年的光阴。一切缘于在大学期间担任大学生就业与职业发展协会会长。那时的自己，懵懂莽撞地探索着未来，假期带领同学们参观、走访不同企业、工厂、生产车间，努力发现并靠近生活最真实的样子。从本专业，到全系，再到全校我进行了多次成果汇报。我猛然发现，校园生活与社会生存有着巨大的信息差与能力鸿沟，亟待跨越与弥补。

斯坦福大学青少年研究中心发现，在12岁到26岁的青少年中，只有五分之一的人对他们将来想要做什么、想要取得怎样的成就有清晰的愿景。

在陪伴与指导后辈的过程中，我深深地被每一次对话所感动，每个人都有自己的闪光之处，他们渴望被看见，被理解，被支持，被鼓励。我也发现学生群体对于未来迷茫的恐惧，面临各种问题和矛盾。当中有很多无法辨识的"重力问题"，也有很多没有绕出来的"锚定问题"，而设计人生就是让我们找出问题，重新定义问题，找到尽可能多的选择，并选择一个快速尝试，直到成功。设计人生行之有效的方法论和工具，可以帮助我们快速地找到突破的方向。

在设计人生的过程中，我们需要：

保持好奇。激发内在探索欲，发现自己的兴趣所在；

不断尝试。付诸行动，不断尝试，切忌空想；

重新定义问题。重新审视目前的状况，转换思维模式；

保持专注。学会放手，专注于过程；

深度合作。与他人合作，适度求助。

寻路

我出生在沈阳，是一个直率的东北妞儿，毕业于复旦-MIT麻省理工国际MBA，取得了沃顿商学院全球商业咨询认证，10年间在世界500强外资企业从事采购与供应链管理工作，持续做公益12年，有3年青少年素质教育创业经历。同时，我还是一位妈妈。正是多了一重母亲的身份，在日常生活中，我会更加关注孩子的身心健康成长。从饮食起居到思维启蒙，从兴趣爱好到开阔视野，所有父母的教育焦虑我都深有体会，生怕孩子会因为我没有适时正确地引导而有一点点滞后。

我倡导的家庭教育是放下身份，与孩子保持同频的亲密沟通，我会陪她疯，陪她闹，陪她一起闯祸，开心时一起大笑，生气时一起哭鼻子。我们会时常说"我爱你"，互相鼓励，彼此温暖。

人生经历、工作背景让我深刻地思考自己未来的方向，我发现在赋能他人时，能收到满满的能量、强烈的成就感、积极的正反馈。这些时刻提醒着我去做那些我该做的事情。那些被点燃心中梦想的孩子们成了我生命中的那束光。

于是，我离开了美国通用电气，开启了教育事业的新篇章。

突破

同为父母的我们,也许都有过这样的期许:

希望孩子成为下一位达·芬奇,但也许他更崇拜米开朗基罗;我们努力培养孩子的独立人格,却又习惯了为他做种种安排;我们想方设法挖掘孩子的兴趣爱好,又不想让他偏离文化课。

我们为孩子构思的计划和未来,真的是他的方向所在吗?在充满不确定性的世界里,真的可以为他定制完美人生吗?

过去的几年,我经历职业转折,也开启创业。难,真的难!但是在坚持中看见了希望:实现突破的北京冬奥会上,看见高高跃起的谷爱凌;看见女足勇夺亚洲杯冠军;看见山城的勇士们与山火决战,每一个平凡的英雄,努力传递食品、药品和希望……

一个个温暖而真实的故事,一个个具体而鲜活的凡人勇士,就像潺潺溪流,汇聚成时代奔涌的大江大河。唯愿记得这些给人希望的勇敢、期许与感动,继续在创造梦想人生的道路上勇敢前行。

机遇与挑战并存的当下,设计人生帮助我找回自信,做回自己;教练式父母,为家庭教育创造新的可能性。

我只想偷偷地告诉你

在这里，我们做的每一件事，都在挑战现状，我们拒绝循规蹈矩；

我们笃定，只有在现实场景实战中，才能真正掌握商业思维和生存法则，在未来迎接风浪击打时，从容面对；

我们信奉榜样陪伴的力量，一群同频的父母，以及来自全球一流大学的有趣、有料又能扛的伙伴，期待与你相遇相知；

我们钟情公益研习和志愿服务，社会责任和义务是我们的强大基因；

我们坚信没有平庸的孩子，领袖气质是天生的，正确地引导和激发将使孩子在前进的道路上无往不利。

一起来探索不同主题的素质教育内容吧！这里有激烈讨论的现实难题、巴克学院超级好玩儿的 PBL 项目、斯坦福大学的设计思维，还有艺术鉴赏、即兴戏剧……

如果你也希望孩子可以和同龄人一起，做一些与众不同的事情，而不是只待在象牙塔里拼命啃读书本上枯燥的知识点；如果你也希望孩子可以尽快与社会接轨，了解更多有趣的人，聆听更多有温度的故事，体会外面真正的世界，来找我聊一聊吧！我在这里等你，一起把希望变成可能，利用设计思维找到自己的激情所在，做自己人生的设计师。

刘 爽

让生命成为本来的样子

五岁时,妈妈告诉我,人生的关键在于快乐。上学后,人们问我长大了要做什么,我写下"快乐"。他们说,我理解错了题目,我说,他们理解错了人生。

——约翰·列侬

人,最怕的,不是死去,而是从来都没有活着;最怕的,不是失败,而是从来不知为何失败;最怕的,不是难过,而是从来没有拥有真正的幸福。

人生在世,我们到底为何而忙忙碌碌?

这个问题，是否在某个夜深人静时，拨动过你的心弦？

五年前，我还在一家知名咨询公司任咨询总监兼内训师。在公司校园招聘体验日现场，一个学生问我："刘老师，我想请您给我点建议，帮我做一下职业规划，我不清楚我是考研还是找工作？"

我问："你为什么要考研？"

学生说："我想要一个学历。"

我问："你为什么要这个学历？"

学生说："因为我想进入一个好公司，并且长期发展，我觉得学历是门槛。"

我问："那你为什么不专心复习考研，而是来我们公司面试呢？"

学生说："因为我觉得你们公司太好了，我想加入。"

我会心地一笑，说道："我没有办法帮你规划，但是我可以告诉你一件事，我上一个面试的学生是你们学校研三的。"

一瞬间，学生释然地笑了。

之后，她开心地接到公司实习的 offer。我了解到，她现在做得还很不错。

再跟大家分享一个故事。

一个渔夫在海边晒太阳，一位绅士走过来对他说："天气这么好，为什么不去捕鱼呢？"

渔夫说："先生，捕鱼干什么呢？"

"捕鱼就能挣很多钱啊？"

渔夫说："挣钱又为了做什么呢？"

"挣了钱就可以买一艘更大的船。"

"先生，买大船又做什么呢？"

"这样就可以打更多的鱼，挣更多的钱。"

"那又能怎么样呢？"

"这样就可以像我这样，在海边晒太阳。"

"先生，我现在正在这样做呢！"

苏格拉底说："未经审视的人生，不值得一过。"很多时候，我们可能需要的就是几个好问题，让我们脑与心相连，让我们看到行为背后的生命意义，让我们纯粹而真实地面对自己和这个世界。

现在的你，是你曾经期待的样子吗？现在的你，真的幸福吗？你每天都在认真赶的路是属于自己的路吗？

我一直相信，成年人也可以活得像孩子一样，纯粹，真实，简单，开心，接纳自我需求和自我情感，想哭就哭，想笑就笑。

我一直相信，每个人可以活得更有意义，发挥自己的优势，做自己想做的事，感知每天的成长和变化，内心充盈而满足。

我一直相信，每个人可以活得更有爱，对他人友善，关怀自己,对曾经伤害自己的人或者自己讨厌的人一笑而过,对帮助过自己的人,心怀感恩和美好。

相信,就是我内心的种子,也是我内在的召唤和使命。我的使命是帮助更多的人找到内心的种子,不管外面是阳光明媚,还是乌云蔽日,它都能生根发芽,茁壮成长。

10多年来,我在生活中和职场中不断地探索和尝试,经历越多,越能感受到初心的珍贵和美好。这是一种力量,让你慢慢变成最好的样子,而我相信这种状态就是塞利格曼提到的"蓬勃的人生"的状态,或者马斯洛提到的"自我实现"的状态,人生理应绽放,每个人都有这种权利。活着这件事,不应仅仅是生理血液的流淌,否则将是对生命的玷污。

人生没有白走的路,每一步都算数。我是幸运的,不断接近自己的本真。我现在作为一位自由培训师和创业者,在职场中实践积极心理学,帮助更多职场人士寻找价值和激发内在动机,看到自己,成为自己。这个过程,我认为是员工个人和组织的双赢,正是因为员工找到了正确的位置和个人成长的内在动力,才能真正为自己而工作,用热情和爱去行动,因为幸福而成功,而不是因为成功才去幸福。大量的心理学和组织行为学研究结果也证实内在驱使的员工更容易达到高业绩,而积极心理学在职场中的首要目标就是"把人放在合适的位置"。这除了需要健康的组织环境和睿智的管理者,更重要的是我们自己内在的驱使和勇气。一句话，你想成为自己吗？

那我们来谈谈这个过程中，哪些事情扮演着重要的角色？

第一，我想谈谈勇气。十多年前，我第一份工作是销售，后来陆续做过咨询顾问、项目经理、项目总监、运营总监、内训师，现在的角色是培训师和创业者。我本科专业是电气工程自动化，我硕士研究生学的是心理学。我生在北方秦皇岛，一个人闯荡上海，现在定居上海，有我自己的三口之家。很多时候的偶然都是必然，机会永远是留给那些有准备的人，如果没有机会，也可以去创造机会。你没有成功前，别人说你不安分，不踏实，不精进；你成功后，别人说你有勇气，有闯劲，敢创新。在意外面的声音，你没有办法成为真正的自己。幸福不幸福的第一步，是你对幸福的追求动机有多大。正如拿破仑所说："勇气如爱情，需要希望来滋养。"你自己的希望力又是多少呢？

第二，我想谈谈优势。盖洛普曾经问众人一个问题："了解你的优势和了解你的缺点，你认为哪一个更能提升你的能力？"结果，大多数人还是认为补短板更重要。我曾经职业生涯中最痛苦的一段时间，是在做运营的时候，那些琐碎而凌乱的事宜，那些数据和报表真的让我抓狂。我虽然可以很好地完成工作，但是需要很强大的心理支撑，偶尔也想着放弃。我相信这也是现在某些职场人士的状态。如果你做一件事，做到 95 分，可能是因为责任或者钱，但是你如果把一件事做到 120 分，一定是因为热爱和优势。

在盖洛普优势测评中，我最大的优势特征是影响力，其次是战略和前瞻，而我现在做的事情也是在很好地发挥我的优势。培训是一种教学形式，但是促使培训有效的最重要的内核还是要在员工认知和心智上下功夫，毕竟没有人会被动成长。在近些年做培训的过程中，我不断收到客户和学员的肯定和鼓励，前段时间还收到老领导的鼓励短信："你就是为培训而生。"对我而言，这是一种极大的激励。发挥优势做事，更有认同感，也容易投入，当然更容易达成心流状态。心理学家米哈伊认为，心流就是一种全身心的快乐体验。盖洛普在调查了 2000 多名经理后发现，注重发挥下级员工优势的经理，成功的概率高达 86%。近几年管理者识人用人、员工生涯规划、员工优势识别的课程越来越多，员工生涯规划和教练项目已成为企业的常态需求。这说明当下职场管理者更注重识人用人，发现和培养员工优势。愿每个人都能找到优势，运用优势，也能更好地看到他人的优势。

第三，我想谈谈成长型思维。成长型思维的概念是斯坦福大学心理学教授卡罗尔·德韦克提出来的，他认为成长认知体系可以通过坚持努力以及刻意练习获得。

当代智力研究领域的权威罗伯特·斯腾伯格说，人类的某项专长，并不是固定的先天能力决定的，而是通过有目的的锻炼获得的。

我用一句话来总结什么是成长型思维,那就是:"没有什么不可能。"不给失败找借口,相信自己,愿意积极迎接挑战,面对困难,总能找到突破口,而不是怨天尤人,自怨自艾,一直往外归因,或者索性放弃。

这几年,我每年大概会为 100 家企业提供培训,每年大概会与三四千名学员相识,我深深地感知到,学员中那些快速成长的人一定是那些具备成长型思维的人,面对组织变革或者团队调整,不给自己的发展设限,具备成长型思维的管理者,更能从危机中发现机会,成就自我,保持好奇、开放、终身成长。

近几年脑神经科学研究提到的神经可塑性,让我们对个人成长更有信心。美国心理学家威廉·詹姆斯曾说:"如果你能改变你的思维模式,你就能改变你的人生。"而成年人的学习,无非就是认知的改变。如果你能从固定思维转变为成长型思维,那么恭喜你,你发现了人生新大陆。三年多以来,虽然很多企业遇到了很大的压力和挑战,但也有一些具备成长型思维的管理者敢于带领企业在大漠中掘金,乐观面对,积极应战。

勇气、优势、成长型思维,以及人际关系、友善、韧性、积极情绪、情商、感恩等,这些都是宝贵的财富,都是我们生而为人最应该珍视的东西,帮助我们回归生命原本的样子。人生最幸福的样子莫过于最纯粹的坚持。

最后给大家分享一个个人版权的职场幸福力模型,也是我多年来在多家知名企业的实践成果。

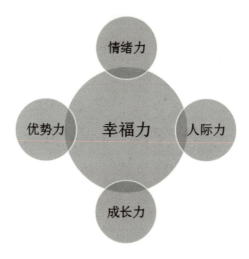

我们每个人都拥有让自己幸福的能力,唯有爱和幸福不可辜负。愿你是你最美的样子。

龙海燕

原来"幸运"是可以设计的

20岁的时候,我认为"世事我曾抗争,成败不必在我"。

我从西南到了东北,学了一个自己从未听过的专业,只因为父母说"学好数理化,走遍天下都不怕"。毕业后,我到了企业,听说工会在公开招募电视台播音员,所有人都告诉我,人员是早就内定好的,可我还是毅然报了名,并在现场小品演出中脱颖而出,成了第三位播音员。后来,我听说开发部在招开发员,依旧是有内定人员,但需要走个过场。于是,不信邪的我又去"搅局"了。虽然在笔试环节我和其他工作了几十年的工程师一样,连及格线都未达到,但在面试的时候,我侃侃而谈,给面试官留下了深刻的印象。后来阴差阳错,那个内定的人变成了我。很多人都说,你很幸运。其实我知道,我只是比别人更愿意去尝试看起来不可能的事情。

30岁的时候,我坚信"谋事在人,成事在天"。

从国企到民企,一些理所当然的事,变成了我需要去努力证明的事。记得那是一个夏日的午后,我几经辗转,找到了一个技改项目的负责人。在经历了两个小时的关键工艺和试验流程的考问后,这个负责人含笑对我说了一句影响了我20年的话:"你是我见过最专业的销售,我也相信,你们企业是完全有能力做好这个设备的。可是我来自国企,如果我用了国企100台设备,99台出了问题,我没啥责任,但如果我用了你100台设备,只要1台出问题,我说不清楚。"从满含希望到绝望,我沮丧极了。因为我住的酒店和对方的工厂在两个不同的省份,当时路上很不安全,对方让自己的司机把我送回了酒店。我不知道该如何描述自己的心情,是该欣慰自己得到了对方的认可,还是该遗憾最终我连竞争的机会都没有。回到酒店,我连晚饭都没有心情吃,难道就这样放弃吗?可是如果换位思考,我不得不承认,对方说的是事实。几经思考,我决定再试一下,于是我给下午接待我的那位项目负责人打了一个电话,以不熟悉当地的理由,约他一起探寻当地美食。或许我真的很幸运,这么拙劣的谎话居然也奏效了。那个晚上,我给他讲了自己的故事,也讲了温州人敢为天下先的创业故事，后来，也向他做了承诺，只要能给我一个机会，我会在方案选择、损失补偿、价格、品质、交期等多方面做出详细的计划，保证这个项目万无一失。幸运再次降临，我得到了试验槽的样品供货机会，因为那位负责人的话，我们没有按照设计院提供的图纸直接制造，而是对整个工况进行了详细的复核后，对设备重新做了相关改进。三个月试用期后，同时供货的国企设备出现了底座破裂的质量事故，而我们的设备运转正常。设计院的朋友对我说，你很幸运。其实我知道，我只是比别人更懂得珍惜，为了保证设备的万无一失，我和同事做了更多的准备。

40岁的时候，我信仰"成功就是知道因果"。

曾经有一次，参加一个项目招标，我因为一些流程上的疏忽，在招标前只是关注了技术方案，没有审核报价。现场一开标，发现我们的价格比大多数竞争对手少30%多，我知道，一定是我们的报价出了问题。因为在招标会上，我们的过往业绩和技术方案得分都很高，于是，我们以最低价中标了。不过，招标方也觉得我们的价格似乎有些诡异，于是，对方决定要派人前来工厂考察。在项目讨论会上，大家意见不一，有人认为我们应该弃标，因为相比成交价格的损失和投标保证金，弃标显然更划算；也有人认为既然中标，再难我们也要做下去，因为这涉及企业名誉。最后，老板拍板："标不能弃，但我们要想办法调整成交价格。"这项任务最终落到了当时负责营销的我身上。我对这个企业做了一个详细的调查，了解了对方近几年供应商合同的执行情况，发现这是一个商业信誉很不错的集团公司。而且，这个项目是对方一个新项目的第一期工程。虽然他们希望以最低的价格获取最好的设备，但他们更希望能有优质的供应商长期合作，差别很大的合同价格相对他们整个工程的投入几乎可以忽略。因为当时这个行业的高速发展会吸引一些民营资本进入，行业内有部分企业会拖欠供应商货款，所以树立一个好口碑对企业后续吸引优质供应商也是非常重要的。了解完客户，我又对我们自己进行了一个梳理，先从方案上看我们能否在保证质量的前提下优化，再对成本进行详细的核算。经过一系列工作，我们找到了一个临界价格，同时，又针对以往的设备运行经验，在方案设计上针对常发的故障采取了一些预防的小创新。

接着，在对方考察团到来的时候，我们先是带领对方参观了我们的工厂，让对方看到整洁高效的生产环境、繁忙有序的发货。然后，我向对方介绍了我们一直以来在行业内的贡献，特别是在技术创新方面获得的各种荣誉以及客户评价。最后，特别针对本次项目，请相关技术人员向对方介绍了我们针对常发故障的创新设计。

在随后的接待晚餐中，我特意向对方讲了几个公司在一些商业项目上的诚信故事以及老板"大爱大璞"的个人故事。随后，我非常坦诚地告诉对方，本次项目的报价，我们因为疏忽，出现了重大偏差，我把我们测算的原始成本呈现给对方，并坦诚希望得到对方的帮助。令我意外的是，对方也坦言，他们自己也做过测算，觉得我们很有可能是报价失误。虽然当时对方并没有对价格的调整做出任何承诺，但因为对我们良好的印象和我们为此所作的一系列补救措施同意为我提供和高层沟通的机会。最后这个项目虽然在投标价上没有变动，但因为我们提供的一些设备故障方面的额外创新大大降低了他们的后期维护成本，再加上我们在整个合同执行过程中周到、及时的服务，在最终项目验收的时候，我们被评为优秀供应商，并获得了一笔不菲的奖金，对方也因为这一举动成为行业内供应商最想合作的企业。很多同行说，你真幸运。我也觉得，不过他们不知道的是，为了得到这份幸运，我做了多少努力。

而今，我到了知天命的年龄，邂逅了设计人生，才知道"原来幸运是可以设计的"。年轻时我的幸运其实都是设计出来的，用愿意尝试、懂得珍惜、知道因果设计了我看似幸运的人生。

而今，我又站在了人生的十字路口。

因为刚刚办理完退休手续，我在想公司是否还会返聘我。如果返聘，那么我就必须像从前那样为业绩而奔波，不停地往返于总部，开那些永远也没有结果的会议……可这真的是我想要的吗？且不说公司会不会返聘，这样的日子过了 30 年，其实自己也厌倦了。

那么，我还能干什么呢？当我第一次看到朋友圈有人分享设计人生的时候，我一下子就喜欢上了它。"人生没有最优解。"这样的信念让我可以轻松面对自己。我悦纳了自己，选择了与自己和解。我不再耿耿于自己曾为公司做出的贡献，也可以坦然告诉老板，我可以继续为公司做自己力所能及的事，但我也想追求完全不同的人生体验。我用顾问的方式成就了自己的第二个"奥德赛计划"。意外的是，设计人生教练的学习让我能更好地处理好管理者和顾问的差别，既能让继任者完全按自己的方式管理公司，也会在她需要帮助的时候站在中立的角度帮她梳理自己的问题。

"雏鹰岛计划"是我的第三个"奥德赛计划"。如果不考虑金钱和面子，我其实最想做一名志愿者。我最好的闺蜜曾经在西藏支教三年，每次看到她发来的蓝蓝的天空和天空下孩子无邪的笑脸，我的内心就会燃起一种莫名的冲动。我的身体不允许我长时间去远方，但我希望那些远方而来的孩子能在自己最美好的时光中青春飞扬，活出自己想要的样子！

现在，我成了设计人生"雏鹰岛计划"的发起人，与一帮和我一样有爱心的小伙伴一起帮助在校生们探索自己多样精彩的人生！

回看走过的路，有执着，有无奈，更多的是幸运，关键的时候幸运地遇到一些人、一些事。无论明天是最后一天还是多年以后我将离开，在停留的日子，我愿意尝试、懂得珍惜、知道因果、悦纳自己，我将用这些好工具，让自己与幸运相伴，无悔于过去，无怨于现在，无惧于未来！

第 五 章

照亮未来

韩 梅

当我们谈论审美的时候，我们谈论的是什么？

作为一个资深 HR，有很多必修课和基本功，比如招聘。多年以前，一个同行好友曾经说到她是怎么招聘有经验的销售和应届毕业生的，我深以为然。后来我常常用这两个问题去问那些负责招聘的人，但很少能够得到有价值的答案，然后我们就很顺利地切入到如何提升招聘效率和质量的话题，屡试不爽。

在招聘有经验的销售时，通常的做法都是去看这个人是否具备一些销售的特质，比如结果导向、善于沟通和交流；是否拥有成功的经历，比如行业资源和良好的业绩；是否拥有一些能力，比如解决困难、团队合作；等等。而这个好友说，这些我都会问,但最重要的是我会仔细辨认,候选人是不是非常爱赚钱,是不是具有超强的好胜心。他若非常爱赚钱,你只需要告诉他钱在哪里;他若极其好胜,再难的客户和订单他都能搞定。一旦满足了这两个条件,无论性格外向还是内向,善言还是木讷,是否熟悉行业和产品,全都不重要。他有目标,有行动力,拥有最难培养或激发的内在动力,很可能成为一个优秀的、成功的销售。

我们都知道,在常规的校园招聘中,面对没有工作经验的应届毕业生,除了专业和学习成绩,更重要的是发掘其发展的潜力。从标准的各类测评,到无领导小组讨论、各种场景下的活动表现及一轮轮的面谈评估,我们能够获得很多信息,甚至可以描绘出一个人的画像。很多学生接受了充分的面试培训和训练,一般的面试官怎么都摸不透学生的真实情况,最终要么接受,要么放弃。这个好友做过很多校园招聘,也负责过公司管培生项目。她的绝技是跟候选人聊一个事情:你谈过恋爱吗?分手的原因是什么?据此了解候选人如何建立一个新的关系,如何看待关系中的自己,如何归因一段感情的失败。那些能够建立并维系一个好的关系,能够客观准确地认识自己,能够在失败或失去后反思自己并有效改善的学生,通常在进入职场之后适应得很快,并展现出高成长性。

从本质上来说,招聘是依据现有的要求找到合适的人来工作,一般情况下以胜任工作为标准。我们总能从外部市场或者公司内部找到人选，无非是匹配的程度如何。如果出现不匹配的情况，换人就行了。比招聘更难的一件事，是挑选有潜质的人予以培养，帮助他们快速成长，这就是通常所说的人才发展。找一个人干现有的工作是相对比较容易的；确保一个人胜任未来的工作，而目标、路径、环境都是一定会变化的，且唯一的抓手是这个人本身，这就是一个系统性的难题了。人才发展是很多公司的必答题，也有无数的实践案例。当我们仔细去研究和探寻，推敲那些人才发展的成果，却发现并不能断定人才发展与个人成长之间的因果关系。那么，凭什么来判断一个人能够快速成长和具有广阔前景？凭什么来判断一个人可以从具备潜能到表现卓越？

我曾经与很多 HR 伙伴共事，并一直在身边搜寻那些在工作中看起来很聪明、很有经验或者天赋型的选手。但往往经过一段时间，或者某些重要事件后，我发现很难。他们积累了很多经验，工作做得不错，绩效也很好，却很难突破自己的瓶颈，或受限于自己的短板，因此难以跃过专业或职业的瓶颈。有两个"90后"的 HR 伙伴，并不具备那些条件，却给了我意外惊喜。

一个是人力资源专业的应届毕业生，通过校招被录用，进入一家民企背景的上市公司工作。该公司人力资源团队基础薄弱，非常需要专业和素质俱佳的人才，她因此被安排在当时专业相对较强的人才发展团队，并由 Leader 带教。几个月后，Leader 表示，这个姑娘各方面提升有限，整体表现太弱了。综合考虑下来，倒也不至于让她立刻离开，正好招聘缺人，就把她调过去试试，也算是再给她一次机会。招聘其实又苦又累，没想到她居然慢慢挺过来了，并逐渐获得用人部门的接纳和认可。后来，她离职去了一家行业更有前景、报酬更好的公司，但在工作上很难获得指导和历练。正好老东家希望她回来，她毫不犹豫，降薪返回到一个非常重要的事业部任职。这个事业部规模大，业务要求高，事业部总经理短期内连续换人，人力资源工作的压力很大。在这样的环境里，她却展现了优秀的专业能力和管理能力，迅速成长为事业部 HR 负责人，并兼任了一部分事业部总经理助理、事业部运营管理的工作。她说，现在她对自己未来的规划，已经不是继续在人力资源领域发展了，而是尝试更多的可能性。

在整个集团当年那几批校招员工中，她是发展最快、职级最高、发展前景最好的一个。这个"90后"的姑娘，却是一个非典型的制造业员工。她自幼学琴，生活精致。工作手脚很快，PPT 做得超赞，但绝不爱加班。她的家几乎每周都会举办校招同事的聚会，她常常被同事和朋友邀约一起玩，还总是向我推荐现在最火的活动和物件。

另一个"90后"的伙伴是一家知名国企的行政人事总监，负责公司的人事、行政和党务工作。最初的两次见面，我们的交流有点困难，话题很难展开或深入，她明显不太明白人力资源是干什么的。一同在场的朋友事后问我，你确定要跟她一起工作吗？

这难度可是有点儿大，你肯定会非常辛苦。于是，在第一个工作日，我专门安排了一个主题会议，了解她的情况。她的第一份工作是记者，加入这家国企后，哪里需要她就去哪里，做过招商等多种不同的工作，时间都不长，所以没有什么专业积累。她也习惯了这样的工作安排，只要按惯例、按指令完成任务就可以了，并没有主动学习和探究问题的需求，对所从事的工作也完全没有个人喜好。但公司正在重新进行业务设计和团队搭建，在变革和转型之际，必须要有人力资源的专业支持，必须快速甄别和培养人才梯队，她能否胜任相关工作至关重要，这也是一把手特别关注的事情。在接下来的一年里，我们一起工作，她以绩效管理为主线，几乎涉及了人力资源工作的各个职能和专项。她很熟悉公司内部环境，又曾从事过业务工作，在逐步建立了人力资源视角和思考框架之后，她原来那些工作任务有了新的意义和关联，她发现自己的工作对业务和公司的影响，甚至开始琢磨要不要聚焦人力资源，放弃行政和党务工作。而她不知道的是，在公司一把手看来，她的快速成长和工作表现，已经打开了她的发展空间，进入更大的平台、负责更重要的职责指日可待。

在我看来，在国企这样的工作环境里，这个"90后"也有非典型的一面。她海外留学多年，回国后当过乐队主唱，修习日本花道、写瘦金体，喜欢看艺术展，穿衣风格多变，坚决拒绝服从领导多穿职业正装的要求。她既有坚定的原则，有时近乎偏执，却又能与公司同事保持一种轻松亲切的关系。

这两位"90后"伙伴，背景、环境、发展路径完全不同，她们相同的是都非同一般地快速成长。更难能可贵的是，她们都能跨越 HR 与业务，超越人力资源作为业务伙伴的职能，在我看来这是 HR 的高阶段位。这样的成功，能否复制？能在什么样的人身上复制？怎样选拔这样的人才？我觉得应在那些常规判断高潜人才的标准之上，加上"审美水准"，或者"美学修养"。

朱光潜谈美，希望年轻人逐步培养美感的经验和态度，进而推广到人生世相，使之成为对社会有用的栋梁之材。一个人审美好、审美水准高，他必须具备敏锐的观察力，并能将其整合入系统思考能力中。美是特别具有模糊性和多样性的，没有统一、清晰、不变的标准。这也与我们面对的职场和工作的特性非常相似。美是创造的产物，往往也需要长期的练习，比如琴棋书画，比如制作 PPT。一个人若在某个方面获得过超出普通人群的成就，他就已经知道了优秀或者卓越的标准，更容易获得其他成就。美是一种容易沟通的语言，也很容易分享。

当我们谈论人的卓越的时候，我们谈的可能就是审美。以我的个人经验，如果两个人各方面差不多，审美水准更高的那一个，往往更聪慧。蒋勋曾说过，美学中有一个必备的东西，真性情。这是领导力的定义之一，也是发展领导力的核心。

戴宁红

设计人生与正念之心

20余年间,我致力于学生课外培养系统的构建,注重引导学生跨越知与行的鸿沟,在行动中学习,推动学生互助的社群文化建设。

2022年的最后一天,也是我的第86个止语静修日。我在冬日的暖阳下静坐,像观影一样,回顾于自己而言有很多失去却又有更多收获的一年。尤为喜悦和珍贵的是,在这一年中,我参与了两个斯坦福大学专业项目的学习和认证,为"我是谁?"这个说不清道不明的答案新增了两个标签:设计人生教练和MBSR正念减压师。感受心的召唤,会是陪伴我余生的最重要的工作。我下意识地微笑,感受到生活带给我的这份安然和平静中的喜悦,感恩这份时光赋予我的礼物。

设计人生与我的 2022 年

翻开自己的年历册,扉页上写着:

以人为本,

深入人心。

以谦虚的姿态待人,

像和风一样温暖人心。

这是我在 2022 年元旦写下的。看着这段文字,我仿佛看见自己写下这些字句时的样子,看见热爱所从事工作的自己,我清晰地记得,我在那时那刻所思所想的还是我的学生和工作。

很开心在 2022 年元旦后我立即加入设计人生首期中国认证教练项目的学习,经由春节前后高密度的线上学习、小组分享、大班线上工作坊,我很快就投入到设计人生的运用场景之中。记得在学习过程中,在除夕之夜,我在自己的笔记本上写下:

仁爱　慈悲　清澈　优雅

二〇二二年春节

我知道,经由学习设计人生,我的"版本"已经升级。

我在这儿,在通往未来的大道之中,在当下,带着正念和爱意觉知，每一天都不辜负生命。

创建指南针，让人生具备一致性

作为一名在商学院工作了 20 年的教育管理者，在这 20 年里，我接触的学生逾万名。看着他们带着各种期待、心愿、目标而来，投入学习，来去匆匆，我常常想这段教育时光于我的学生而言，究竟意味着什么？

2016 年的春天，斯坦福 DT 项目组来到我们学院，以我们项目为原型，共同展望未来 10 年的前景。在为期 4 个星期的项目过程中，我打开了全新的视角，其中很多当年觉得遥远的计划如线上教学方案，已成为过去 3 年里我运用得最多的方案，线上学习项目连续 4 年成为我每年最有收获的学习项目。在这个项目第一阶段的原型访谈中，我推荐的一位我眼中经由学习实现很大程度改变和发展的校友说了这么一句话："这个学习还没有能够让我实现脱胎换骨式的改变。"这句话就像一颗小钉子钉在我的心中，我不断问自己和团队：我们有可能让学生在这段学习中感受到脱胎换骨式的改变吗？

"每个人都有两次生命，第一次是活给别人看的，第二次是活给自己的。而第二次生命常常从 40 岁开始。"当我看到瑞士心理学家卡尔·古斯塔夫·荣格的这段话时，一下子明白了那位校友那句扎心的话中的深义了，我们的学生入学平均年龄33.4岁，他们中的很多人正是在这段学习中开启第二段生命，在这段新的生命中，他们会真正成为自己人生的舵手。为此我们和学生在课堂之外开展了一系列寻找的旅程：英雄之旅、牧羊少年奇幻之旅、人生规划曼陀罗、U-Lab行动实验室、探索生命中最重要的且有效的个人生产力、美丽人生拍卖、正念之心……

记得在一次一天工作坊的分享结束时，一个女同学哽咽着说："我自认为自己一直很努力，从不敢停歇，可是在今天的探寻中，我发现自己一直在山脚下打转，一直碌碌无为，因为我缺少像这样指引我勇往向前的指南针，我需要拥有自己的导航系统。"她的话让很多人若有所思，甚至流下了热泪。确实，在我的眼里，不乏这样有着进取之心、期待通过努力来改变自己命运的学生，他们来到名校，就仿佛给车加满油，来到高速路口，他们迫不及待地想踩下油门，在人生的旅途中全力出击。可是放眼望去，仿佛总是有迷雾挡住视线，大道似乎并未显现，他们犹犹豫豫，不敢踩下油门。

麻省理工学院的夏莫·奥托博士说："没有感知的行动和没有行动的感知是人生的两大陷阱。"放下自动导航的过度行动模式，停下来，反观自身，让人生观（我是谁？我活在这个世界上的意义是什么？我的终极故事会是什么样的？）、工作观（我正在做什么？我工作的理论和动力是什么？我职业的闪光点和局限分别是什么？我拥有的资源和核心的可迁移技能都有哪些？哪些是我所独特具有的？）、学习观（我学习的目的究竟是什么？我最大化的学习价值会体现在哪些方面？我是如何学习的？我是如何与这个世界保持互动的？）相互兼容。连接各个节点，强化一致性和人生意义，是助力学生认识自己、突破自己、超越自己，实现脱胎换骨式改变的关键。

让我们一起来"爱乐工健"！

"你的人生是工业品还是艺术品？"这是一个非常能引起我们强烈共鸣的问题。毋庸置疑，每个人都是独特的，可是在日复一日的自我塑造和被塑造的过程中，我们却不知不觉地随波逐流，那么我们的丰富性、独特性又如何在自己的生命旅程之中逐步展现呢？

设计人生课程中的"爱乐工健"敲响了我们内在觉察的铃铛。

乐——娱乐，是全然的放松，是对身心的滋养，是生命中享受的时刻。非常难忘自己第一次做"爱乐工健"，我对着"乐"的部分思考了很久很久，我想不出在自己的行动清单中，在自己的时间分配中，究竟哪些是留给娱乐的。我回忆自己特别享受的娱乐时光，有童年时在大自然中跟同伴一起奔跑玩耍，有跟好朋友一起乘着夜色登山去看日出，有跟外祖母一起打牌……可是这些似乎都是多年之前的事了。我突然发现在自己的生活中一直只想着如何付出却很少考虑如何滋养自己。这种发现，让我的生活发生了变化，我更懂得珍惜和关怀自己，也渐渐变得更加柔和。

关于"爱"的部分，我也特别受启发。它是在整体地审视自己与自己、与他人、与环境、与万事万物之间的连接。我静下来观察自己爱的表达行为，我问自己："我是如何对他人表达爱的？我又是如何解读和感受爱的？"这次观察，让我捡拾起很多生命中的珍珠，它们是如此珍贵，如此宽广深厚，无论我身处顺境还是逆境，这份爱都能给予我力量。

"爱乐工健"让我为自己的生命新增了多重视角。我常常停下来问自己，在我的每一天、每一周、每一月、每一年之中，有多少这样的时刻，停下来感受爱。哪怕只是静静地欣赏喜爱的植物抽出新的叶片，哪怕只是在每日睡觉前给自己一个拥抱，或者做一次静默的冥想。这既是对自己的滋养，更是对生命的敬畏与尊重。

设计人生的所有工具中，"爱乐工健"是我运用得最多的，这么简单的几个问题，似乎暗含着让人顿悟的契机：

关于你的仪表盘，你观察到了什么？

如果优化其中的某一项后，你的生活将会发生哪些变化？

你要怎样才能在这样的改变中生活两周？

聆听召唤，做正念的管理者

杰克·康菲尔德说："当你的大脑高速运转的时候，你就与自己的心失联了。"当我看到这句话时，深深地触动了，这是一个匆匆的世界，996、007吞噬了职场中的管理者的时间、精力、能量，过度的思考、无休无止的竞争、惯常行动模式，使很多人有一种身心被掏空的感觉。我们的身边出现了一批又一批盔甲骑士，他们看似为拯救世界而存在，而似乎又力不从心，被高压、焦虑、无力感摧残着。商学院的学生尤其需要从内在寻找资源和力量，提升自我关怀和自我悦纳的能力，与自己的源头连接，铸就生命中生生不息的力量。

作为中国最早从事商科教育的人，我的学生来自各行各业，他们平均工作了8～10年，他们正处在人生中最有创造力也是负载最大的阶段。面临工作、家庭、学业的多重压力，这批职场精英首先需要厘清的是该如何管理好自己的世界。为此，我引入了正念减压和自我关怀练习，没想到一经引入便受到了学生们的喜爱。

2014年，我在新生入学的导向活动中安排了一个集体吃葡萄干的项目，全体近800位同学躺在瑜伽垫上花了约半个小时的时间来感知葡萄干，一开始有人笑场，其间也有鼾声传来。但渐渐地,场域变得安静,大家躁动的心也平静下来。2014级的新生在之后的学习旅程中的关系特别融洽,他们常常会回忆起这段经历。我自己也特别喜爱这个项目,现在回想起来,这也许就是正念的种子在我们心中种下的时刻。

通过2022年我的"奥德赛计划",我看到正念已在自己的生命中开花。在5年时间里,我从一个正念练习的爱好者转变为一名八周正念减压课程的认证老师,并在工作中逐步将有关正念的课程和活动带给学生们。

"职场与正念养育",带领大家感受正念是一种存在之道,感受养育中蕴含的学习和成长机会,感受深深的关爱和慈悲。

"正念之心:安驻身心的专注力练习",带领大家体验老井与鹅卵石、体验葡萄干,在练习中感知正念的魅力。至今大家一起练习的画面一直深深地印刻在我的脑海里和我的心里。看着这群孩子们在一天的忙碌后,静下来休息,全场散发出一种安静慈爱的气息,我深深体会到专注的心就是幸福的心。

"正念之心:管理者的世界",提供了适应管理者需求的正念练习,帮助他们正向面对不可预测的变故,修习坦然理解和接纳当下的能力,自安安人,用正念管理身心。

正念的种子已在学生们的心中生根发芽,长成参天大树,在读学生们组建的正念之心俱乐部,毕业校友组建的复心社组织,均已发展成百多人的社群,还持续地开展系列化的正念练习。

正念之心，激发着管理者与内在的源头连接，带来安驻的力量。

问渠哪得清如许，为有源头活水来

阅读了《多舛的生命》后，曾经在很多个清晨和夜晚，我在静坐时会问自己这个问题："我的道究竟是什么？"只是轻轻地一问，并不急着找到答案。这个练习，让我找到了大山一样的沉稳和湖一样的宁静。2022年，在正念与设计人生的双重影响下，我不断澄澈回归并与世界相连，仿佛触碰到内在生命力源头的泉眼。那份宁静中的雀跃与鲜活融入了我的生活，通往未来的大道也在我眼前显现。

2015年以来，我用一年时间寻找，用两年时间熟悉，用三年时间热爱；未来，我将用余生珍惜。我确信，正念和设计人生已融入我的生活和工作，并将陪伴我一直到永远。

仝玉梅

活出生命精神的意义

太阳无影,光无影;宇宙无界,心无界;让我们做一个无影无界的人,照亮自己,温暖身边人,活出生命的意义。

卡罗尔·S. 皮尔森在其著作《内在英雄》一书中说:"每个人的内心都蕴藏着最原始最强大的潜能,只要唤醒它,就可以帮助我们实现生活中伟大的梦想和成就。"(第1页)

在当今时代,社会发展速度太快,导致我们的身心灵频频失衡。很多时候,身体和心理健康都出现了这样那样的问题。如何在时代大潮中有效发挥我们的作用?如何认识自己?如何明晰人生的方向和奋斗目标?如何拥有相对健康的身心灵?在这个时代显得非常重要。

人,要么活在光亮的世界里,要么活在阴暗的世界里。这一生,就这么点时间,可做的事、可陪的人都有限,既然生命是一趟有去无回的旅程,又何必跟自己过不去,蹉跎岁月呢!用持续的热忱去对待生活的方方面面,生活会更好。

人,带着神圣的能量,开启在人世间的英雄之旅。这段英雄之旅,由不同的人生阶段和不同的人生故事演绎而成。有人活出了生命的意义,点燃了自己内在的心灯,活出了自己的英雄本色;有人则一生沉沦于贪、嗔、痴、慢、疑,没留下任何可以为之唱诵的赞歌。

人,随着一声清脆的啼哭,来到人世间,开始苦修生涯。为什么是"苦修",而不是"修行"?因为,人活着就要经历生老病死,就要经历无常,就要经历各种劫难,可能只有那么一小部分人最终体悟正觉,识得正理,此生圆满。

我们要知道,好吃、好住、好玩、好乐并不等于人间天堂,所有的疾苦并不等于人间地狱,两者之间是有辩证关系的。有时候苦即是甜、甜即是苦。处在锦衣玉食中的佛陀并不开心,人虽在皇宫,心却在地狱;在苦行中的佛陀,人虽在泥土草野,但内心却是无比丰盛、无限富足。虽然大多数人都懂这个道理,却都做不到。但道理一直在那里,从未变过。

那些沉迷于名、利、权、色的名人大咖们,有几个内心是真正自由、开心的？焦虑不安、心神不宁几乎成了他们的代名词。因为他们把自己弄丢了，不知身在何处，亦不知去向何方，更不知活着的真正意义。国学大师曾仕强老先生曾说："凡是活在聚光灯下、精致利我、纸醉金迷的，掌声越热烈，人生越悲惨！"相反，你看，那些领袖元勋、专家学者，一生为价值而活，为贡献而活，为国家、为社会、为人类的健康发展、和谐进步、文化传承而活，他们都活出了生命精神之所在，他们都活出了英雄本色。为大我而活的人，就算生命终结，灵魂却永生。这类人的共性是都有同理心、共情力、慈悲心、利他心。他们的内在世界都充满光亮，都在为人类的长足进步奉献。

大道至简，自然而然。让我们循着先人智慧、宇宙真理，去做一个从内向外真正醒来的人；珍惜只有一次的宝贵生命，好好去照顾它，让身心灵都活在充满光亮的世界里，温暖自己，照亮他人。

如何活出生命精神的意义

第一，敬畏生命，我们一定要拥有一个健康的身体，因为没有健康就没有一切。

第二，我们要拥有一生不断学习、终身成长的能力，它可以让我们获得更多的洞见和智慧，助力我们在这短暂繁杂的人世间活得更加从容。

第三，我们要珍惜当下。不管你现在正处在生命周期的哪个阶段，请利用好造物主馈赠给每一个生命体的时间，活好当下的每一刻。

第四，我们所从事的事业一定要健康、有意义，且最好是自己喜欢的。朝着正确的方向，加上勤奋和努力，我们才会拥有一个大不同的人生。

第五，依照先人智者给我们留下的最高智慧为人处世。它们分别是：正心、正善、正知、正见、正识、正思、正语、正业、正命、正念、正定、正信、正悟、正觉、正精进。这也是获得真正幸福、实现终极自由的不二法门。

我们只要找到人生目标，真正去践行"知行合一"，让身心灵达到更好的平衡，就能成为更好的人，内在充满能量和感恩。

以上觉知，是我自己多年在向内看的修心道路上得到的一些觉察和体悟，是自己对生命精神意义的一些拙见和理解。

接下来，我从凡人的角度，通过观察并回顾自己一路走来的心路历程，分享从中体悟到的关于生命精神的意义所在。

时光荏苒，真不愿意相信，我的人生已匆匆走过 40 年，这是人生最好的年华。如果，我把生命长度定义为 78 岁（这是 2022 年最新公布的中国人平均寿命），那我已走完人生的一半多；如果，我把生命长度定义为 99 岁，那我也完成了生命周期的五分之二。仔细一想，时间快如闪电，真是来也匆匆，去也匆匆。人生没有回程，没有重演，甚至连大部分的过往剧情，上帝也都做了删除处理，并且没有底片。真是应了一首歌的歌词："时间都去哪儿了，还没好好感受年轻就老了。"

我从何而来

我拥有一个非常自由且充满野性的童年，从小生活在田野乡间，与鸡鸭猪羊、花草鱼虫为伴。我生长在一个大家庭里，所以，我的童年过得特别自然、质朴、无邪。美好又趣味十足的童年，滋养我逐渐成为一个真诚善良、坚韧乐观、积极向上的人。

2003年，我偶然进入电视台，在某一地产栏目做编导，从此开启与地产行业相依相伴20年的历程，其间一路从电视台编导到报社部门负责人再到国家级头部媒体城市负责人，历时14年。这一路，有领导们的提携和关照，有同事们的鼓励和帮助，有客户朋友们的大力支持和照顾，更有自己用心经营且孜孜不倦的努力和坚持。感谢一切的遇见和馈赠，这一切都是滋养我、让我无畏前行的勇气和动力。

2017年，我开始创业，成立了自己的公司和平台，同时开启了向内成长的旅程和探索。

我正朝哪个方向行驶

自 2019 年年底开始,经济形势萎缩不振,我所在的地产行业重新大洗牌,我的事业被迫按下暂停键。一向乐观的我陷入沉思,什么才是真正的出路?什么才是永不熄灭的灯塔?什么样的人生才是有价值的?什么样的灵魂才有趣?经过反复思考,我的答案是:有用的人、真正为社会做贡献的人、助人的人、大我的人才是有趣的、有光的、充满能量的人,这样的人生才是有价值的。

我觉得,我正笃定地朝着有光的方向前行。

以季节比喻,我是在春季,刚走过冬季的枯败和黯淡,迎来生机盎然的春天。我如一粒刚刚播撒的种子,接受来自各方的洗礼和滋养,静待慢慢长出枝丫并开花结果。

以白天昼夜比喻,我处在晨曦,深夜刚过。

以地理比喻,我处在山顶,有时虽被迷雾遮蔽,但只要天一晴,便可阅览无限风光。

灵性发展

我所说的灵性通常指一个人的天赋智慧,聪明才智;洞见事物的能力，觉知力；人对外物的感受和理解能力；日常生活中，对人和事物的某些指引。

每个人都有灵性。外在体现的行为差异，内在体现的心理变化，都是灵性的体现。灵性是一种变量，心灵的变量。具备灵性的人，悟性极高，做什么事都非常有天赋，能够融会贯通，一通百顺；学习能力非常强，能从任何人、事、物中得到很好的启发和解决思路；思维想象力超强，有极大的跳跃性；有很强的预见力；有很好的感知力；有很好的共情力；有很好的观察力，洞悉事物的能力很强；遇事思路清晰、判断力强。灵性强的人在社会上更容易取得非凡成就，有更高的潜力。灵性强的人品质都很高，真诚至善、诚信孝顺、从容大气、天然具有亲和力。

在个人灵性发展方面，我一直在用佛学所提炼的"八正道"精进自己。八正道包括：正见、正思维、正语、正业、正命、正精进、正念和正定。我现在正在做各方面的断舍离。人际方面，与同时空、同维度的朋友多走动、多交流，因为同频的心灵可以彼此滋养；生活方面，我尽可能陪伴好自己的家人，其他时间用于精进自己；工作方面，点对点，高效沟通，避免浪费太多时间。

我喜欢独处，独处可以遇见更好的自己。独处时，可以练练瑜伽，做做正念冥想，给绿植浇浇水，为自己泡上一壶好茶，一边品茗一边阅读；独处时，可以做做家务，整理整理衣橱，逗逗我家养的小宠物们；独处时，可以去小区的湖边散散步，观察观察湖中的鱼儿，可以去高尔夫练习场挥挥杆，呼吸呼吸新鲜空气，甚至可以看着眼前的景色发发呆。总之，当生活充满平静和喜悦，我们的身心灵便已踏上回家的路。

每个灵魂深处都蕴藏着一座巨大的宝藏，因为世间的太多不确定，导致这座宝藏被深埋于心海。当有一天，我们的真我被唤醒，我们的心灯被点亮，这宝藏将会发出万丈光芒，照耀生命。

王凤平

寻找内心的光

小学同学聚会的饭桌上,大家正努力回忆谁和谁是同桌,当说到我的同桌是谁时,一个又一个的同学举手说,"我和班长同桌过……""我也和班长同桌过……""我……"啊?我都不记得了小学六年怎么有这么多个同桌,还是一位男同学出来解释说:"你们这些能和班长同桌的都是走后门的,对,那个时候都是老师安排的,哪个同学学习不好,淘气不遵守纪律,家长们就求老师给安排个好座位,所以就被放到班长旁边看着,希望能帮助你们'改邪归正',哈哈哈!"不愧是当警察的同学啊,记忆力真好,那么小就明察秋毫,到现在还记得。原来我从七八岁开始就是个肩负使命要影响他人的人啊，怪不得我不喜欢做了十几年的销售业务岗位，转行做了十几年职业培训师。销售了多少产品、赚了多少钱并没有让我产生成就感，我能通过培训影响到更多的人，看到他们有了哪怕一点点的改变，都让我乐在其中。

有一次给某企业做了沟通类培训，下课后，同学们都散去了，我在收拾东西，有位课堂上非常内向不爱回答问题的女同学留下来，怯怯地问："王老师，您有空吗？我有问题想问您。"

"好啊，当然可以，你说吧？"

"我在公司里不愿意跟人说话，我知道这在工作中是不好的，可是我真不知道该怎么办。"

我问："你为什么不愿意跟其他人沟通呢？"

"我毕业后一个人到这个城市，没有什么朋友，结婚后又忙着照顾孩子，没有自己的时间，觉得自己生活得很没劲……"

"你有什么业余爱好吗？"

"没有啊，没有时间啊，每天就是上班、下班、带孩子，觉得自己在这个城市很孤独……"

她说着说着就掉下了眼泪。

我发现这已经超出了我培训课程的范畴了，但是被信任的责任感让我努力安抚她的情绪，并继续陪她聊了一会儿。最后，我给出一点儿自己的建议，可是却有种深深的无力感。

一个培训课程可以帮助职场人士提升技能和升级思维，但却很难帮助学员得到充满爱、健康、快乐的人生。

　　于是我在培训之余,做了各种志愿者,每学期到知名大学里为即将毕业的本科生、硕士生、博士生做入职准备培训,给在上海的职业技校的低收入家庭的学生们、公益的自闭症儿童幼儿园的老师们做免费的培训……

　　后来我成为源自斯坦福大学的设计人生教练。我是美国 LUMA Institute 在中国的授权讲师,教授创新思维与设计这门培训课程,深深认同设计思维的理念并在各大企业中培训过很多职场人士,也曾在上海华东师范大学应用心理学研究生班学习。但是把设计思维和积极心理学加在一起,作为底层逻辑运用在设计人生的教练过程中,才真正让我如鱼得水,并体会到了帮助和陪伴他人变得更好的乐趣和成就感。教练也满足了我的好奇心,我听到了各种人生故事,并在这个充满不确定性和迷茫的时代,得到了小确幸。

　　我发小的孩子从遥远的家乡考来上海的大学,发小就托我帮忙照顾一下,眼见着孩子从一个"莽撞少女"长成了一个"待嫁难题"。以前每次来我家里吃饭,我就苦口婆心地给她"上课",大讲应该怎样,她都是"哦哦,对对"附和我,然后继续抱怨公司领导、不涨工资,困惑自己找不到恋爱对象,羡慕曾经的同学现在过得比她好……不知道我说的一堆话她听进去多少、能做到多少。有时候,我心里着急了甚至会开玩笑说:"你知道我讲话讲这几个小时如果是平时培训收费得多少钱吗?!"

成为设计人生的教练后,我不再以一个过来人的身份讲道理了,第一次跟她盘点了一下工作观和人生观。她说:"以前一直以为考上大学或大学毕业就人生圆满、万事大吉了,遇到这么多工作、生活中的事情,才明白人生才刚刚开始啊,我的工作观和我的人生观是有一些差异的,又想要轻松安逸的工作,又想要实现自我价值,我到底想要过什么样的人生呢?"在谈到人生观时,她泪流满面地说,假如生命只剩 10 分钟、10 天、10 个月、10 年,自己会带着父母旅游,和父母在一起过着温馨的日子。自己这么年轻,真的从来没有认真思考过这些问题,以前一直也不知道自己到底要什么,毕业留在大城市是因为大家都这样,自己也没有选择。我说:"人生有很多种,你现在只是在多种人生中选择了一种,你当然还可以设计出不同的人生,活出更好的自己。"

接下来我们就用"奥德赛计划"这个教练工具设想了她的三种未来五年的人生画面。第一种,假如她现在在银行的工作一切顺利,未来五年工作和生活会是什么样的;第二种,假如现在的工作行业不存在了,未来五年的人生是什么样的;第三种,假如不考虑金钱、别人的眼光和尊重,未来五年她在做什么、过着怎样的生活。

她边讲她的畅想,我就边把她脑中的画面画出来,同时展示给她看。当她看到我画的图画时,眼睛一亮说:"对对,我还想到了……"她继续说,我继续画,她的脸上也绽放出笑容。我很高兴视觉引导师的能力又发挥出作用,在教练过程中,我们一步步完成共同的画面,同频共振。

关于她第二个"奥德赛计划"是当个有粉丝能接广告的博主,我问:"这个想法和第一个'奥德赛计划'可以融合一下吗?"她说:"呀,好像也可以现在就试一试,我现在的工作不是很忙,晚上刷剧刷短视频就过去了,我可以先学学别人是怎么做的。""嗯,太好了,我们一起先测试原型吧,就是体验一下当博主是什么感受,都要做哪些事儿。"

如果是以前,我一定会说:"你就是看人家博主赚钱轻松,有那么多粉丝挺美的,你没看到人家要做多少背后的工作呢。"但是现在我用教练的方式引导她思考,促进她进行最小化的行动,鼓励她在一次飞盘运动后,开通了自己的小红书账号,并上传了第一个公开的小视频,她兴奋地告诉我:"我开始了!但是发现整理照片、剪辑视频真是要花时间和精力的,没那么简单,如果当博主要天天更新,那可太不容易做到了。原来我喜欢的是看上去轻松的感觉。"我还是祝贺她:"你已经能有行动体验原型,真是太棒了,再做几次发现做博主不太适合你,那么我们的设计也至少帮你排除了一个一直想要但并不适合你的人生,咱们还可以再设计几个不同的版本,人生就是不断地尝试迭代,直到明白自己要做什么。"

在接下来的一年里，我们又陆续教练了几次。我用了其他的工具方法陪伴她成长，她对自己的理解越来越深入，也能越来越成熟地面对外界的变化，考取了专业的证书，突破性地谈了一场不成功的恋爱，关注健康，减少熬夜，知道自己当下要做什么对未来更好。也许她还没有找到人生的终极目标，但至少不再等待，而是行动起来，去尝试、去体验、去主动设计自己未来的人生。

设计人生的教练不仅适用于迷茫的年轻人，也适用于面临人生卡点的中年人。我的一个教练客户就是"80后"的职场精英，在新加入的公司里总感觉力不从心，既担心公司裁员怕失去这份工作，又觉得工作压力太大。每天精神内耗，老板给的任务都要接，接了任务，又加班熬夜干活，所以心情很坏，回到家里孩子稍微一点不好就对孩子大吼大叫发脾气。我们通过"爱乐工健"工具先评估了他对现状的满意度，结果他选择的立刻要调整的一项不是工作，不是娱乐，不是爱，而是健康，我们一起制订了近期的行动和小目标，每周三次20分钟的室内活动。两周和一个月后，我分别收到了反馈，他的精神和心情的满意度都提高了一点。另一次教练过程中，他接受了工作能力不足这个现实的"重力问题"，同样的工作他却要比别人花更多的时间完成，那么让自己有更多的精力一边学习一边完成任务，成为现在要做的事。他主动与上级沟通需要的支持，而不再盯着工作任务一筹莫展。

健康状态的提高，也连带着情绪的舒缓，他在家有更多的精力学习了。八个月后，他担心的裁员并没有发生，还承接了新的任务。

还有一位即将退休的教师，十几年来一直心心念念想写本小说，总说等退休了就去写小说、当作家。经过教练，她设计了几个关于退休生活的人生故事，当作原型尝试写了一篇小短文发表，发现自己真正需要的是与观众互动，而不是用文字单向输出、表达自己。她这个只停留在嘴上一直觉得可以做却没有做的当作家的想法，以较低的成本得到了验证，也使她释然了。

设计人生，让我看到了积极的力量，在这个不确定的、人人都焦虑的时代，我希望能帮助他人找到正确的方向，行动起来。请记住：没有最好的自己，但可以尝试多种不同的人生。我愿帮助你挖掘心底的光，照亮未来或长或短的人生道路，过无怨无悔的一生。

王文辉

站在原则之上,设计你的未来

2022年或许不尽如人意,但2023年已经到来。我依然很笃定地像往年一样告诉40岁的自己,要向前走,去爱,去创造,去实现,去有所不同。这样的人生才有意义。

我为什么会一直这样勉励自己?是因为"优于别人并不高贵,真正的高贵应该是,优于过去的自己"(海明威)从20岁起就种在了我的大脑里,生根发芽。从那时我就开始思考:我是谁?我会成为谁?我如何越来越好?

那时,我的工作是在北京的一家五星级酒店做培训主管,兼任人力资源总监助理,有机会和各部门最优秀的导师合作项目,有机会每周一去总经理和各部门总监办公室发文，有机会在电脑里录入各种级别的人才简历。

我开始好奇，为什么有些人3～5年可以成为经理，5～10年成为总监，成为导师，而有些人还是资深员工？那些优秀的人有什么共同的特质？而我在职场中的目标又是什么？感恩我当时的勇气，有机会去非正式访谈这些人才。在这些故事的背后，我发现大部分强者出奇地相似：勇为人先，以结果为导向，执行力强，挑战困难，高度专注，拥有利他思维。

初入职场的我认为，这些是"成功的原则"，我开始思考、模仿和实践，给自己制订了"5年内要成为一家10亿元级公司的中国区培训负责人，通过自己的努力在北京买房"的目标。有了方向，就不容易迷茫。我几乎利用了身边所有的资源，和很多优秀的培训负责人接触，邀请他们一起来设计我的发展路径，最终锁定：首先要找到一家世界500强公司，在成熟的体系中用两年训练我的培训专业度和领导力基础，然后转战新兴行业去做区域培训负责人，前两年提升领导力和项目实战能力，争取第三年晋升或者找到成为中国区培训负责人的机会。

我就是循着这样的思路，2004年从酒店离职，加入宝洁公司，然后转战历峰集团，2007年加入一个销售额达15亿元级别的美资代理商公司，并在2008年成为中国区香水业务的培训负责人，从0到1，组建了20多人的培训团队。也是2008年，我用自己挣的钱，在北京东四环买了一套两居室的房子。从那一刻开始，我有底气相信，站在原则之上，我可以设计并一步步过上自己想要的生活。

曾经有位朋友问我："这次目标的实现是不是偶然？"好问题！那时我还不敢回答"Yes"，但我一直相信，保持对工作的敬畏和热情，借助高效能的框架和工具，能力和薪水方面必然有所收获。如今想来，有两本书对我影响很大，一本是史蒂芬·科维博士的著作《高效能人士的七个习惯》，另一本是安德斯·艾利克森的《刻意练习》。

前者是 2005 年我成为宝洁公司最佳培训师的礼物，这份礼物真是宝贵，它帮我在非常年轻的时候，形成了理解商业世界和工作生活的思想框架。在我看来，它最强调的是塑造品格，而不是实现成功，但它确实指引我成功实现了我的目标。

它指引我在那些年夜以继日地编课、磨课，积极回应销售团队的需求，绞尽脑汁赋能销售团队（习惯一：主动积极）；它指引我去思考我的角色和目标，我希望自己可以团结一群有影响力的人，去影响一个新兴行业在中国的成长，身边很多人认为我应该留在世界 500 强公司和奢侈品行业，但我却坚定地加入了香水代理商公司（习惯二：以终为始）；它指引我用不到两年的时间实现了新工作的阶段性成功，我知道自己非常渴望去组建一个团队，在新兴的高端香氛行业去搭建一套可行的培训体系，对于我而言,找到好的员工、搭建销售服务和营运体系是我的首要目标,其他都是次要的(习惯三:要事第一)……

这是改变我人生之旅的起点,遗憾的是当年我只关注了前三个习惯的实践,直到2015年去参加"七个习惯"4.0培训,后来成为全球认证培训师,才更完整地深度理解"七个习惯"的精髓,重塑了我看待世界及领导他人的方式,并决心成为"七个习惯"的践行者和传播者。柯维博士花了30多年的时间,学习研究、实践传授、结集成册,他的初衷就是帮助人们学会这些原则,让原则变得可行。外界的变化越大,这些习惯就越重要,它们是可以支撑我们去实现最渴望的那些目标,去完成最艰巨的那些挑战,以及陪伴我们取得成功的根本原则。

《刻意练习》让我明白,成长从来没有捷径,成长需要千锤百炼,成长也是有原则的:设定明确、可衡量的目标,反复练习,且每次练习都要有反馈;强化前进的理由,弱化停下来的理由,只要这样做,就会变得专业。我就是这样一遍遍磨课后,总能换来学员眼里的光,多年以后至今,这些光依然是促使我进入心流状态的催化剂。更重要的是点醒我的这句话:"如果你从来不迫使自己走出舒适区,便永远无法进步。"无论工作和生活,尝试去做困难的选择,用行动去打破恐惧,久而久之,才可以实现螺旋式的上升成长。

我们大部分人都明白这个道理,却往往不知该如何面对舒适圈以外的未知世界。就像疫情以来,感谢国家付出巨大代价,为我们赢得了三年多的相对安全、和家人共处的时间,但面对未来极大的不确定性,我们也要开始思考如何确保未来的工作和生活……

疫情以来,我也曾经非常焦虑,焦虑自己的工作,焦虑孩子的教育,焦虑和家人的关系。这时候,我发现光有原则还不够,它不足以让我重新燃起热情,不足以让我去调动身边的资源,不足以让我笃定地开始行动……即便有 10 多年教练的学习和实践经验,也无法像以往一样赋能自己,所以我开始做大量研究,去寻找认知之外的框架和思维,就在这期间我研究了肯尼芬框架、肯·威尔伯模型和设计人生。

按肯尼芬框架的理论,我们当今处在一个繁杂的世界,需要从技术型领导力向调试型领导力转变;需要企业有极强的学习能力，尤其是挑战固有观念的能力；要透过现象看本质，要系统性地思考，要走入基层，和团队一起探索甚至试错，一起"向生成中的未来学习"。

我们可以从一个更大的画面，在世界、国家、产业、行业、组织、部门、团队、个人这样的体系下去观察，去同理：大环境中正在发生的事，如何影响我的行业和企业甚至团队呢？这对我未来的发展目标有什么启发？我可以贡献什么？发挥什么价值？

这样思考，才会促发我们在当下真实的世界中，去反思，去发现，去创造之前我们未曾注意到的角色和价值。我把这些叫情景规划，机会总是眷顾有准备的人，有规律地去进行情景规划，就会有足够的敏感度看到种种先机，就可以用更多元的视角去诊断外部世界。这时，肯·威尔伯模型就是一个简单好用的工具。肯·威尔伯认为世界万物分为外在与内在、个体与集体，从而形成我、我们、它、它们四个区域。

**AQAL Model by Ken Wilber
肯·威尔伯模型**

	内在	外在
个体	**我** 主体 思想、情绪、记忆 心智状态、感知感受	**它** 客体 物质身体、任何你在时空 可以看到或接触到的事物
集体	**我们** 互为主体 共享价值、意义、语言 关系、文化背景	**它们** 互为客体 系统、网络、技术 体制、自然环境

当我把自己放在四个区域内去探索现状和未来时，我感受到了一种沉稳的力量，我更理性地面对和接受改变，对未知和风险有一定的准备，也能保持开放和灵活。肯·威尔伯模型帮我更清晰地思考从现状到未来的愿景、实现的路径，也帮我明确了想要怎样的未来，以及需要具备怎样的资源和能力。

读到这里，我相信你会明白我为何说"站在原则之上，设计你的未来"。当我们掌握了这些认知框架，我们会更了解社会未来的整体需求，并为之做好学习的准备。与时俱进地确保终身学习的方向和思路，你就能为自己设计出一条相对平稳又持续上升的职业通道，在人生下半场实现物质、精神双丰收。

最后，我来谈谈 2022 年我从中获益最大、也最爱的斯坦福大学人生设计课。在这本合集里相信你已经读到了很多关于设计人生的理念、工具、应用，甚至精彩的故事。对我而言，学习设计人生最重要的是设计思维，以及在无条件接受的前提下，大量运用同理心。

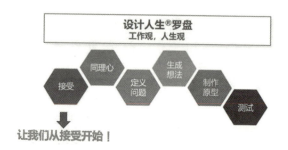

在过去 3 个月里，我运用设计人生，辅导 15 位伙伴重新审视工作和生活的意义，重新设计以后的人生可能性。他们或找回自己的热爱，或发现新的动力，并开启原型测试，在行动中找到了改变的力量。这 3 个月的经历也更加坚定了我在不确定的世界里"设计你的未来"这件事的可行性。

最后我再介绍一下你一定要学会的设计人生五大工具。

运用"爱乐工健"同理你当下的需求，知道自己身在何处。用心看看你到底存在什么问题／机会？是否可以解决／利用？

人生常常有各种烦恼，有些是"锚定问题"，有些是"重力问题"，用"重构问题"来重新定义问题和需求，彻底解读你真正想要的什么。

同理你自己的人生观和工作观，创建自己的"人生罗盘"。

规划未来的 3 个"奥德赛计划"：第一个，你正在做什么？第二个，第一个计划走不通时，你的选择是什么？第三个，如果不考虑金钱和面子，你的理想生活是什么样子？"奥德赛计划"的精髓在于看到和抓住不同的可能性。

设计人生鼓励我们不断地制作原型并测试，快速测试，在试错过程中不断成长进步、不断调整。

未来呼啸而至，往后 10 年，我们生活的世界会有更大的不确定性。作为《高效能人士的七个习惯》、肯·威尔伯模型、斯坦福大学设计人生的受益者、实践者和传播者，我希望在后疫情时代帮助更多在校大学生、职场新人、35 岁以上的职场困惑人士、职场女性、退休人士等，用线上或线下的方式为彼此赋能，支持大家更理智有序、认真笃定地工作、生活，勇敢选择、不断重构、不断实现。我相信终有一天，你也可以过上自己想要的人生，可以成为自己的人生设计师！

张馨云

人生有多种可能

我是谁？

在每次需要自我介绍或被问到"你是谁"这个问题的时候，我总会瞬间陷入无尽的思考，我给那个瞬间所产生的联想取名为"自我意识存在并挣扎的空间"。

真正意义上开始追寻"我"，最早可以追溯到上幼儿园的时候，在全托的环境下，我拥有很多时间探索兴趣爱好，绘画成为延续至今的兴趣爱好。每当彩色画笔接触纸张、画笔混合颜料的时候，我总会产生一种对于生命力的感受。颜色的挥洒，笔触的跳跃，孩童的纯粹，那样令人难忘，以至于我回忆童年的某一个瞬间，就感受到在冥冥之中我及身边的人已经开始在创作我人生的图画了。

基于心理学，通过不同测评从不同角度回溯个人行为及风格/优势，解析"我是谁"这个问题时，我会获得很多信息碎片，例如：我的贝尔宾团队角色是智多星（PL）、专业师（SP）、凝聚者（TW）。我正在把无数面反射自我的镜子组合，在人生这张画布上更精准地创作。

我们的人生是我们自己的，还是经由我们的父母所设计的？

感谢父亲和我进行了关于设计人生的沟通。他的观点是：为人父母，多多少少会为自己的孩子规划人生，但是往往父母规划设计的和孩子想要的是不同的。以我自己为例，我的成长路径首先需要感恩我的父母给我充分的自由以及选择权，例如从幼儿园开始就培养我的独立能力，我几乎是在外部住宿这样的环境中成长。选择海外留学是我的人生规划，也是人生的一个转折点。14岁时我和父母沟通，想出国留学，紧接着完成了四年的美高女校学习、四年半的文理学院学习，然后留美实习及工作。

我在国际教育公司担任项目负责人，以及负责公益项目（华人好师姐）时，和不同家庭探讨孩子的学业和家庭规划的碰撞。在围绕未来规划，以及设立家族办公室的众多课程设计中，未来研究院（IFTF）提倡的"未来学"，以及"未来思维"是很好的起点。举个例子，某一个工种在当下是热门，但到了 2033 年，这个工种是否还存在（是否被替代）？我在认证国际职业顾问协会的生涯规划师时，我的导师推荐的必读书《未来呼啸而来》的作者之一 Peter H. Diamandis 分享的一句话和 IFTF 调研报告以及设计人生课程体系有异曲同工之妙："预测未来最好的方法，就是创造未来。"

听说你和母亲一起参加设计人生，是什么让你们共同学习？

我的母亲一直是我人生路上的偶像，在她身上，我总能看到一种力量，她是女儿、母亲、管理者、公益人，她在担任每一个社会角色时，都为身边的人带去了帮助。她也是我背后的力量，我的希望之光。

几年前，家庭好友举办了一次颂钵疗愈主题的圣诞聚会。母亲作为疗愈对象，在疗愈过程中治疗师跟着哭了，事后她拉着我分享："你母亲是一位有大爱的人。"这让我深受触动！

在 2019 年斯坦福大学之旅后，我本想在回国前参加设计人生线下工作坊，但碍于时间原因未果。2021 年，设计人生的首期教练班开始招募，也得 Phil 师兄推荐，母亲正经历个人职业转型（退休初阶），因为这个契机，我们决定结伴而行，彼此互送一份礼物。这已是这几年和母亲形成的默契。我们一起学习了很多门国际认证课程，既是母女，也是学习伙伴，在日常生活中共同分享学习的收获及喜悦。母亲对我的信任也让我对未来的一些设想，以及我正在做的事情更有信心。回国后，也是由于一些契机，我选择了在职读教育管理博士，母亲在鼓励我的同时，也与我探讨是否同步申请她感兴趣的领域就读，依旧陪伴彼此前行。

使我深受鼓舞和启发的是，有一次在线上学习由 Robin Roberts 开发的高效真诚沟通课程大师课，她分享了一个在她的母亲指导下学习到的理念：把我们的遭遇变成经历分享传递出去。因为在这个世界，每一个人所经历的人生故事都不一样。我也从我的母亲身上学到了很多，我们结伴而行，在精进自己的道路上互相勉励。

你是如何与设计思维及设计人生结缘的？

时间回到 2019 年的夏天，我毕业后第一份正式工作，是在硅谷山景城的一家国际教育公司，担任高管游学项目的负责人之一，我工作的一个环节就是参访斯坦福 d. School。我在翻译设计思维课程时，进一步对设计思维有了更深的了解。让我印象深刻的是在课程最开始的环节，已经合作多年的 B 教授问了我一个问题作为开场，引出了设计思维及部分设计人生的理论体系。

B 教授："Lydia，想象一下你刚洗完头，头发还是湿漉漉的时候，这个时候你需要什么把头发变干呢？"

这时候很多参加工作坊的学员们纷纷作答，"吹风机""浴巾""干发帽"。

B教授："是的，但是为什么是吹风机，或者大家讲到的这些工具？换下思考维度，Lydia，你来分享一下，你的诉求是把头发变干。"

我："吹风机可以让我的头发快速变干，这是一种便捷的方式，但是我个人并不是很喜欢用吹风机，因为声音太吵了。"

B教授："很好，所以你的诉求是如何让头发快速变干，但不一定通过吹风机，那么在座的各位，我们现在按照这样的需求，为Lydia设计一款可以让头发变干的产品。另外，请大家思考，你所设计出来的产品可以满足哪些群体？"

B教授还分享了他辅助的学生团队，经由设计思维的路径，成功研发了定制化药物/营养素等服务的经过。起因是该团队发现身边很多人在服用药剂/营养品时，经常不知道一顿是吃了或者没吃哪一些药剂/营养品。该团队通过同理客户可能遇到及面临的困境，改良了携带药物的方式，给用户带来非常亲切的使用感受。

在参访d. School时，让我深受触动的还是关于婴儿保温袋的故事，运用设计思维设计的产品拯救了无数心碎的母亲和她们的早产儿。

设计人生为你带来了什么帮助？带来什么收获？

设计人生教练有一个明确的、共同的学习目标：帮助自身，帮助彼此，帮助未来的客户。我们有效应用设计人生的各种理念和工具，通过实战及反馈促进洞察。从收到开课通知书至今已有一整年的时间，"做自己的人生设计师"这句话深深刻在我的脑海里，我也在实践设计人生的过程中收获了很多感悟。

我自己也是"爱乐工健""能量地图""AEIOU 法""奥德赛计划"等工具的受益人。

"你在 12 岁时，成为宇航员的梦想不是没有了，它只是被埋藏在内心深处……"（《斯坦福大学人生设计课》）我儿时的梦想是当考古学家，这个梦想的确没有消失，我大学选修课程时，一次机缘巧合，接触到了东亚研究的课程，东亚研究变成了我除心理学外的第二专业。后来，我在校内博物馆实习，能进一步接触亚洲藏品……

设计人生多个版本的"奥德赛计划"就如同为人生绘制一个个丰盈的愿景板，我们可以由此看到人生多个维度和版本的可能性。每个人的人生都可以有多种选择。这是设计人生给我带来的最大的收获。